CHEFS-D'OEUVRE

DRAMATIQUES

DE VOLTAIRE.

DE L'IMPRIMERIE DE RIGNOUX.

Pourvoyeur aqua fuit

CHEFS-D'OEUVRE

DRAMATIQUES

DE VOLTAIRE.

TOME TROISIÈME.

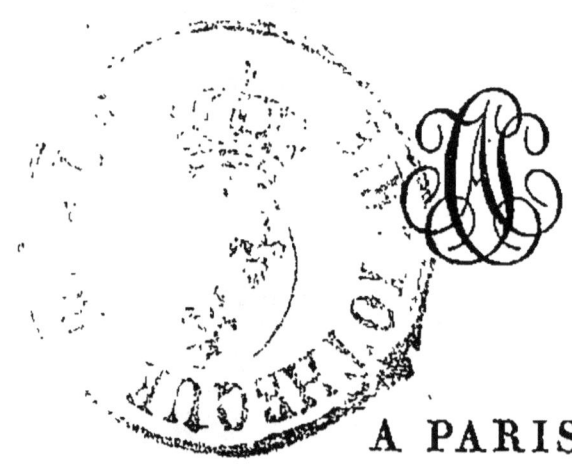

A PARIS,
CHEZ SAINTIN, LIBRAIRE DE LA COUR,
RUE DU FOIN SAINT-JACQUES, N° 11.

M DCCC XXII.

MÉROPE,
TRAGÉDIE.

PERSONNAGES.

MÉROPE, veuve de Cresphonte, roi de Messène.
ÉGISTHE, fils de Mérope.
POLYPHONTE, tyran de Messène.
NARBAS, vieillard.
EURYCLÈS, favori de Mérope.
ÉROX, favori de Polyphonte.
ISMÉNIE, confidente de Mérope.

(*La scène est à Messène, dans le palais de Mérope.*)

MÉROPE,
TRAGÉDIE.

ACTE PREMIER.

SCÈNE PREMIÈRE.
MÉROPE, ISMÉNIE.

ISMÉNIE.

Grande reine, écartez ces horribles images;
Goûtez des jours sereins, nés du sein des orages.
Les dieux nous ont donné la victoire et la paix :
Ainsi que leur courroux ressentez leurs bienfaits.
Messène, après quinze ans de guerres intestines,
Lève un front moins timide, et sort de ses ruines.
Vos yeux ne verront plus tous ces chefs ennemis
Divisés d'intérêts, et pour le crime unis,
Par les saccagemens, le sang, et le ravage,
Du meilleur de nos rois disputer l'héritage.
Nos chefs, nos citoyens, rassemblés sous vos yeux,
Les organes des lois, les ministres des dieux,
Vont, libres dans leur choix, décerner la couronne.
Sans doute elle est à vous, si la vertu la donne.
Vous seule avez sur nous d'irrévocables droits;

Vous, veuve de Cresphonte, et fille de nos rois;
Vous, que tant de constance, et quinze ans de misère,
Font encor plus auguste et nous rendent plus chère;
Vous, pour qui tous les cœurs en secret réunis....

MÉROPE.

Quoi! Narbas ne vient point! Reverrai-je mon fils?

ISMÉNIE.

Vous pouvez l'espérer : déjà d'un pas rapide
Vos esclaves en foule ont couru dans l'Élide;
La paix a de l'Élide ouvert tous les chemins.
Vous avez mis sans doute en de fidèles mains
Ce dépôt si sacré, l'objet de tant d'alarmes.

MÉROPE.

Me rendrez-vous mon fils, dieux témoins de mes larmes?
Égisthe est-il vivant? Avez-vous conservé
Cet enfant malheureux, le seul que j'ai sauvé?
Écartez loin de lui la main de l'homicide.
C'est votre fils, hélas; c'est le pur sang d'Alcide.
Abandonnerez-vous ce reste précieux
Du plus juste des rois, et du plus grand des dieux,
L'image de l'époux dont j'adore la cendre?

ISMÉNIE.

Mais quoi! cet intérêt et si juste et si tendre
De tout autre intérêt peut-il vous détourner?

MÉROPE.

Je suis mère; et tu peux encor t'en étonner?

ISMÉNIE.

Du sang dont vous sortez l'auguste caractère

Sera-t-il effacé par cet amour de mère?
Son enfance était chère à vos yeux éplorés;
Mais vous avez peu vu ce fils que vous pleurez.

MÉROPE.

Mon cœur a vu toujours ce fils que je regrette,
Ses périls nourrissaient ma tendresse inquiète;
Un si juste intérêt s'accrut avec le temps.
Un mot seul de Narbas, depuis plus de quatre ans,
Vint dans la solitude où j'étais retenue
Porter un nouveau trouble à mon âme éperdue:
Égisthe, écrivait-il, mérite un meilleur sort;
Il est digne de vous et des dieux dont il sort:
En butte à tous les maux, sa vertu les surmonte:
Espérez tout de lui, mais craignez Polyphonte.

ISMÉNIE.

De Polyphonte au moins prévenez les desseins;
Laissez passer l'empire en vos augustes mains.

MÉROPE.

L'empire est à mon fils. Périsse la marâtre,
Périsse le cœur dur, de soi-même idolâtre,
Qui peut goûter en paix dans le suprême rang
Le barbare plaisir d'hériter de son sang!
Si je n'ai plus de fils, que m'importe un empire?
Que m'importe ce ciel, ce jour que je respire?
Je dus y renoncer alors que dans ces lieux
Mon époux fut trahi des mortels et des dieux.
O perfidie! ô crime, ô jour fatal au monde!
O mort toujours présente à ma douleur profonde!
J'entends encor ces voix, ces lamentables cris,

Ces cris : « Sauvez le roi, son épouse, et ses fils ! »
Je vois ces murs sanglans, ces portes embrasées,
Sous ces lambris fumans ces femmes écrasées,
Ces esclaves fuyans, le tumulte, l'effroi,
Les armes, les flambeaux, la mort autour de moi.
Là, nageant dans son sang, et souillé de poussière,
Tournant encor vers moi sa mourante paupière,
Cresphonte en expirant me serra dans ses bras ;
Là, deux fils malheureux, condamnés au trépas,
Tendres et premiers fruits d'une union si chère,
Sanglans et renversés sur le sein de leur père,
A peine soulevaient leurs innocentes mains.
Hélas ! ils m'imploraient contre leurs assassins.
Égisthe échappa seul ; un dieu prit sa défense :
Veille sur lui, grand dieu qui sauvas son enfance !
Qu'il vienne ; que Narbas le ramène à mes yeux
Du fond de ses déserts au rang de ses aïeux !
J'ai supporté quinze ans mes fers et son absence ;
Qu'il règne au lieu de moi : voilà ma récompense.

SCÈNE II.

MÉROPE, ISMÉNIE, EURYCLÈS.

MÉROPE.

Eh bien ! Narbas ? mon fils ?

EURYCLÈS.

Vous me voyez confus ;
Tant de pas, tant de soins ont été superflus.
On a couru, Madame, aux rives du Pénée,

Dans les champs d'Olympie, aux murs de Salmonée:
Narbas est inconnu; le sort dans ces climats
Dérobe à tous les yeux la trace de ses pas.

MÉROPE.

Hélas! Narbas n'est plus; j'ai tout perdu sans doute.

ISMÉNIE.

Vous croyez tous les maux que votre âme redoute;
Peut-être, sur les bruits de cette heureuse paix,
Narbas ramène un fils si cher à nos souhaits.

EURYCLÈS.

Peut-être sa tendresse, éclairée et discrète,
A caché son voyage ainsi que sa retraite:
Il veille sur Égisthe: il craint ces assassins
Qui du roi votre époux ont tranché les destins.
De leurs affreux complots il faut tromper la rage,
Autant que je l'ai pu j'assure son passage;
Et j'ai sur ces chemins de carnage abreuvés
Des yeux toujours ouverts, et des bras éprouvés.

MÉROPE.

Dans ta fidélité j'ai mis ma confiance.

EURYCLÈS.

Hélas! que peut pour vous ma triste vigilance?
On va donner son trône: en vain ma faible voix
Du sang qui le fit naître a fait parler les droits;
L'injustice triomphe, et ce peuple, à sa honte,
Au mépris de nos lois, penche vers Polyphonte.

MÉROPE.

Et le sort jusque-là pourrait nous avilir!
Mon fils dans ses états reviendrait pour servir!

Il verrait son sujet au rang de ses ancêtres!
Le sang de Jupiter aurait ici des maîtres!
Je n'ai donc plus d'amis? Le nom de mon époux,
Insensibles sujets, a donc péri pour vous?
Vous avez oublié ses bienfaits et sa gloire!

EURYCLÈS.

Le nom de votre époux est cher à leur mémoire :
On regrette Cresphonte, on le pleure, on vous plaint;
Mais la force l'emporte, et Polyphonte est craint.

MÉROPE.

Ainsi donc par mon peuple en tout temps accablée,
Je verrai la justice à la brigue immolée ;
Et le vil intérêt, cet arbitre du sort,
Vend toujours le plus faible aux crimes du plus fort.
Allons, et rallumons dans ces âmes timides
Ces regrets mal éteints du sang des Héraclides :
Flattons leur espérance, excitons leur amour.
Parlez, et de leur maître annoncez le retour.

EURYCLÈS.

Je n'ai que trop parlé : Polyphonte en alarmes
Craint déjà votre fils, et redoute vos larmes ;
La fière ambition dont il est dévoré
Est inquiète, ardente, et n'a rien de sacré.
S'il chassa les brigands de Pylos et d'Amphryse,
S'il a sauvé Messène, il croit l'avoir conquise.
Il agit pour lui seul, il veut tout asservir :
Il touche à la couronne; et, pour mieux la ravir,
Il n'est point de rempart que sa main ne renverse,
De lois qu'il ne corrompe, et de sang qu'il ne verse :

Ceux dont la main cruelle égorgea votre époux
Peut-être ne sont pas plus à craindre pour vous.

MÉROPE.

Quoi! partout sous mes pas le sort creuse un abîme!
Je vois autour de moi le danger et le crime;
Polyphonte, un sujet de qui les attentats...

EURYCLÈS.

Dissimulez, Madame, il porte ici ses pas.

SCÈNE III.

MÉROPE, POLYPHONTE, ÉROX.

POLYPHONTE.

Madame, il faut enfin que mon cœur se déploie.
Ce bras qui vous survit m'ouvre au trône une voie
Et les chefs de l'état, tout prêts de prononcer,
Me font entre nous deux l'honneur de balancer.
Des partis opposés qui désolaient Messènes,
Qui versaient tant de sang, qui formaient tant de haines,
Il ne reste aujourd'hui que le vôtre et le mien.
Nous devons l'un à l'autre un mutuel soutien :
Nos ennemis communs, l'amour de la patrie,
Le devoir, l'intérêt, la raison, tout nous lie;
Tout vous dit qu'un guerrier, vengeur de votre époux,
S'il aspire à régner, peut aspirer à vous.
Je me connais; je sais que, blanchi sous les armes,
Ce front triste et sévère a pour vous peu de charmes;
Je sais que vos appas, encor dans leur printemps,
Pourraient s'effaroucher de l'hiver de mes ans;

Mais la raison d'état connaît peu ces caprices;
Et de ce front guerrier les nobles cicatrices
Ne peuvent se couvrir que du bandeau des rois.
Je veux le sceptre et vous pour prix de mes exploits.
N'en croyez pas, Madame, un orgueil téméraire:
Vous êtes de nos rois et la fille et la mère;
Mais l'état veut un maître, et vous devez songer
Que pour garder vos droits, il les faut partager.

MÉROPE.

Le Ciel, qui m'accabla du poids de sa disgrâce,
Ne m'a point préparée à ce comble d'audace.
Sujet de mon époux, vous m'osez proposer
De trahir sa mémoire et de vous épouser?
Moi, j'irais de mon fils, du seul bien qui me reste,
Déchirer avec vous l'héritage funeste?
Je mettrais en vos mains sa mère et son état,
Et le bandeau des rois sur le front d'un soldat?

POLYPHONTE.

Un soldat tel que moi peut justement prétendre
A gouverner l'état quand il l'a su défendre.
Le premier qui fut roi fut un soldat heureux.
Qui sert bien son pays n'a pas besoin d'aïeux.
Je n'ai plus rien du sang qui m'a donné la vie;
Ce sang s'est épuisé, versé pour la patrie;
Ce sang coula pour vous; et, malgré vos refus,
Je crois valoir au moins les rois que j'ai vaincus:
Et je n'offre en un mot à votre âme rebelle
Que la moitié d'un trône où mon parti m'appelle.

MÉROPE.

Un parti! Vous, barbare, au mépris de nos lois!
Est-il d'autre parti que celui de vos rois?
Est-ce là cette foi si pure et si sacrée,
Qu'à mon époux, à moi, votre bouche a jurée?
La foi que vous devez à ses mânes trahis,
A sa veuve éperdue, à son malheureux fils,
A ces dieux dont il sort, et dont il tient l'empire.

POLYPHONTE.

Il est encor douteux si votre fils respire.
Mais quand du sein des morts il viendrait en ces lieux
Redemander son trône à la face des dieux,
Ne vous y trompez pas, Messène veut un maître
Éprouvé par le temps, digne en effet de l'être;
Un roi qui la défende; et j'ose me flatter
Que le vengeur du trône a seul droit d'y monter.
Égisthe jeune encore, et sans expérience,
Étalerait en vain l'orgueil de sa naissance;
N'ayant rien fait pour nous, il n'a rien mérité.
D'un prix bien différent ce trône est acheté.
Le droit de commander n'est plus un avantage
Transmis par la nature, ainsi qu'un héritage;
C'est le fruit des travaux et du sang répandu;
C'est le prix du courage: et je crois qu'il m'est dû.
Souvenez-vous du jour où vous fûtes surprise
Par ces lâches brigands de Pylos et d'Amphryse:
Revoyez votre époux, et vos fils malheureux,
Presque en votre présence assassinés par eux;
Revoyez-moi, Madame, arrêtant leur furie,

Chassant vos ennemis, défendant la patrie;
Voyez ces murs enfin par mon bras délivrés;
Songez que j'ai vengé l'époux que vous pleurez :
Voilà mes droits, Madame, et mon rang, et mon titre
La valeur fit ces droits; le Ciel en est l'arbitre.
Que votre fils revienne; il apprendra sous moi
Les leçons de la gloire, et l'art de vivre en roi :
Il verra si mon front soutiendra la couronne.
Le sang d'Alcide est beau, mais n'a rien qui m'étonne.
Je recherche un honneur et plus noble et plus grand;
Je songe à ressembler au dieu dont il descend :
En un mot, c'est à moi de défendre sa mère,
Et de servir au fils et d'exemple et de père.

MÉROPE.

N'affectez point ici des soins si généreux,
Et cessez d'insulter à mon fils malheureux.
Si vous osez marcher sur les traces d'Alcide,
Rendez donc l'héritage au fils d'un Héraclide.
Ce dieu, dont vous seriez l'injuste successeur,
Vengeur de tant d'états, n'en fut point ravisseur.
Imitez sa justice ainsi que sa vaillance;
Défendez votre roi; secourez l'innocence;
Découvrez, rendez-moi ce fils que j'ai perdu,
Et méritez sa mère à force de vertu;
Dans vos murs relevés rappelez votre maître :
Alors jusques à vous je descendrais peut-être.
Je pourrais m'abaisser; mais je ne puis jamais
Devenir la complice et le prix des forfaits.

SCÈNE IV.

POLYPHONTE, ÉROX.

ÉROX.
Seigneur, attendez-vous que son âme fléchisse?
Ne pouvez-vous régner qu'au gré de son caprice?
Vous avez su du trône aplanir le chemin;
Et pour vous y placer vous attendez sa main !
POLYPHONTE.
Entre ce trône et moi je vois un précipice;
Il faut que ma fortune y tombe ou le franchisse.
Mérope attend Égisthe; et le peuple aujourd'hui,
Si son fils reparaît, peut se tourner vers lui.
En vain, quand j'immolai son père et ses deux frères,
De ce trône sanglant je m'ouvris les barrières;
En vain, dans ce palais, où la sédition
Remplissait tout d'horreur et de confusion,
Ma fortune a permis qu'un voile heureux et sombre
Couvrît mes attentats du secret de son ombre;
En vain du sang des rois dont je suis l'oppresseur,
Les peuples abusés m'ont cru le défenseur :
Nous touchons au moment où mon sort se décide.
S'il reste un rejeton de la race d'Alcide,
Si ce fils, tant pleuré, dans Messène est produit,
De quinze ans de travaux, j'ai perdu tout le fruit.
Crois-moi, ces préjugés de sang et de naissance
Revivront dans les cœurs, y prendront sa défense.
Le souvenir du père, et cent rois pour aïeux,

Cet honneur prétendu d'être issu de nos dieux,
Les cris, le désespoir d'une mère éplorée,
Détruiront ma puissance encor mal assurée.
Égisthe est l'ennemi dont il faut triompher.
Jadis dans son berceau je voulus l'étouffer.
De Narbas à mes yeux l'adroite diligence
Aux mains qui me servaient arracha son enfance :
Narbas, depuis ce temps, errant loin de ces bords,
A bravé ma recherche, a trompé mes efforts.
J'arrêtai ses courriers; ma juste prévoyance
De Mérope et de lui rompit l'intelligence.
Mais je connais le sort; il peut se démentir;
De la nuit du silence un secret peut sortir;
Et des dieux quelquefois la longue patience
Fait sur nous à pas lents descendre la vengeance.

ÉROX.

Ah! livrez-vous sans crainte à vos heureux destins.
La prudence est le dieu qui veille à vos desseins.
Vos ordres sont suivis : déjà vos satellites
D'Élide et de Messène occupent les limites.
Si Narbas reparaît, si jamais à leurs yeux
Narbas ramène Égisthe, ils périssent tous deux.

POLYPHONTE.

Mais, me réponds-tu bien de leur aveugle zèle?

ÉROX.

Vous les avez guidés par une main fidèle :
Aucun d'eux ne connaît ce sang qui doit couler,
Ni le nom de ce roi qu'ils doivent immoler.
Narbas leur est dépeint comme un traître, un transfuge,

Un criminel errant, qui demande un refuge;
L'autre, comme un esclave, et comme un meurtrier
Qu'à la rigueur des lois il faut sacrifier.

POLYPHONTE.

Eh bien, encor ce crime! il m'est trop nécessaire:
Mais en perdant le fils, j'ai besoin de la mère;
J'ai besoin d'un hymen utile à ma grandeur,
Qui détourne de moi le nom d'usurpateur,
Qui fixe enfin les vœux de ce peuple infidèle,
Qui m'apporte pour dot l'amour qu'on a pour elle.
Je lis au fond des cœurs; à peine ils sont à moi:
Échauffés par l'espoir, ou glacés par l'effroi,
L'intérêt me les donne; il les ravit de même.
Toi, dont le sort dépend de ma grandeur suprême,
Appui de mes projets par tes soins dirigés,
Érox, va réunir les esprits partagés;
Que l'avare en secret te vende son suffrage:
Assure au courtisan ma faveur en partage;
Du lâche qui balance échauffe les esprits:
Promets, donne, conjure, intimide, éblouis.
Ce fer au pied du trône en vain m'a su conduire;
C'est encor peu de vaincre, il faut savoir séduire,
Flatter l'hydre du peuple, au frein l'accoutumer,
Et pousser l'art enfin jusqu'à m'en faire aimer.

FIN DU PREMIER ACTE.

ACTE II.

SCÈNE PREMIÈRE.

MÉROPE, EURYCLÈS, ISMÉNIE.

MÉROPE.
Quoi! l'univers se tait sur le destin d'Égisthe!
Je n'entends que trop bien ce silence si triste.
Aux frontières d'Élide enfin n'a-t-on rien su?
EURYCLÈS.
On n'a rien découvert; et tout ce qu'on a vu,
C'est un jeune étranger, de qui la main sanglante
D'un meurtre encor récent paraissait dégouttante;
Enchaîné par mon ordre, on l'amène au palais.
MÉROPE.
Un meurtre! un inconnu! Qu'a-t-il fait, Euryclès?
Quel sang a-t-il versé? Vous me glacez de crainte.
EURYCLÈS.
Triste effet de l'amour dont votre âme est atteinte!
Le moindre événement vous porte un coup mortel;
Tout sert à déchirer ce cœur trop maternel;
Tout fait parler en vous la voix de la nature.
Mais de ce meurtrier la commune aventure
N'a rien dont vos esprits doivent être agités.

De crimes, de brigands ces bords sont infectés;
C'est le fruit malheureux de nos guerres civiles.
La justice est sans force; et nos champs et nos villes
Redemandent aux dieux, trop long-temps négligés,
Le sang des citoyens l'un par l'autre égorgés.
Écartez des terreurs dont le poids vous afflige.

MÉROPE.

Quel est cet inconnu? Répondez-moi, vous dis-je.

EURYCLÈS.

C'est un de ces mortels du sort abandonnés,
Nourris dans la bassesse, aux travaux condamnés;
Un malheureux sans nom, si l'on croit l'apparence.

MÉROPE.

N'importe, quel qu'il soit, qu'il vienne en ma présence;
Le témoin le plus vil et les moindres clartés
Nous montrent quelquefois de grandes vérités.
Peut-être j'en crois trop le trouble qui me presse;
Mais ayez-en pitié, respectez ma faiblesse:
Mon cœur a tout à craindre, et rien à négliger.
Qu'il vienne, je le veux, je veux l'interroger.

EURYCLÈS.

(*à Isménie.*)

Vous serez obéie. Allez, et qu'on l'amène;
Qu'il paraisse à l'instant aux regards de la reine.

MÉROPE.

Je sens que je vais prendre un inutile soin.
Mon désespoir m'aveugle; il m'emporte trop loin:
Vous savez s'il est juste. On comble ma misère;
On détrône le fils, on outrage la mère.

Polyphonte, abusant de mon triste destin,
Ose enfin s'oublier jusqu'à m'offrir sa main.
    EURYCLÈS.
Vos malheurs sont plus grands que vous ne pouvez croire.
Je sais que cet hymen offense votre gloire ;
Mais je vois qu'on l'exige, et le sort irrité
Vous fait de cet opprobre une nécessité :
C'est un cruel parti; mais c'est le seul peut-être
Qui pourrait conserver le trône à son vrai maître.
Tel est le sentiment des chefs et des soldats ;
Et l'on croit....
    MÉROPE.
      Non, mon fils ne le souffrirait pas ;
L'exil, où son enfance a langui condamnée,
Lui serait moins affreux que ce lâche hyménée.
    EURYCLÈS.
Il le condamnerait, si, paisible en son rang,
Il n'en croyait ici que les droits de son sang;
Mais si par les malheurs son âme était instruite,
Sur ses vrais intérêts s'il réglait sa conduite,
De ses tristes amis s'il consultait la voix,
Et la nécessité, souveraine des lois,
Il verrait que jamais sa malheureuse mère
Ne lui donna d'amour une marque plus chère.
    MÉROPE.
Ah! que me dites-vous?
    EURYCLÈS.
      De dures vérités,

Que m'arrachent mon zèle et vos calamités.
MÉROPE.
Quoi ! vous me demandez que l'intérêt surmonte
Cette invincible horreur que j'ai pour Polyphonte,
Vous, qui me l'avez peint de si noires couleurs !
EURYCLÈS.
Je l'ai peint dangereux, je connais ses fureurs;
Mais il est tout-puissant; mais rien ne lui résiste:
Il est sans héritier, et vous aimez Égisthe.
MÉROPE.
Ah ! c'est ce même amour, à mon gré précieux,
Qui me rend Polyphonte encor plus odieux.
Que parlez-vous toujours et d'hymen et d'empire?
Parlez-moi de mon fils; dites-moi s'il respire.
Cruel ! apprenez-moi....
EURYCLÈS.
    Voici cet étranger,
Que vos tristes soupçons brûlaient d'interroger.

SCÈNE II.

MÉROPE, EURYCLÈS, ÉGISTHE, *enchaîné;*
ISMÉNIE, GARDES.

ÉGISTHE, *dans le fond du théâtre, à Isménie.*
Est-ce là cette reine auguste et malheureuse,
Celle de qui la gloire, et l'infortune affreuse
Retentit jusqu'à moi dans le fond des déserts?

ISMÉNIE.

Rassurez-vous, c'est-elle.

(*Elle sort.*)

ÉGISTHE.

O dieu de l'univers !
Dieu, qui formas ses traits, veille sur ton image !
La vertu sur le trône est ton plus digne ouvrage.

MÉROPE.

C'est là ce meurtrier ? Se peut-il qu'un mortel
Sous des dehors si doux ait un cœur si cruel ?
Approche, malheureux, et dissipe tes craintes.
Réponds-moi : De quel sang tes mains sont-elles teintes ?

ÉGISTHE.

O reine, pardonnez : le trouble, le respect,
Glacent ma triste voix tremblante à votre aspect.

(*à Euriclès.*)

Mon âme, en sa présence, étonnée, attendrie....

MÉROPE.

Parle. De qui ton bras a-t-il tranché la vie ?

ÉGISTHE.

D'un jeune audacieux, que les arrêts du sort
Et ses propres fureurs ont conduit à la mort.

MÉROPE.

D'un jeune homme ! Mon sang s'est glacé dans mes veines.
Ah !.. T'était-il connu ?

ÉGISTHE.

Non : les champs de Messènes,
Ses murs, leurs citoyens, tout est nouveau pour moi.

MÉROPE.

Quoi ! ce jeune inconnu s'est armé contre toi ?
Tu n'aurais employé qu'une juste défense ?

ÉGISTHE.

J'en atteste le Ciel ; il sait mon innocence.
Aux bords de la Pamise, en un temple sacré,
Où l'un de vos aieux, Hercule, est adoré,
J'osais prier pour vous ce dieu vengeur des crimes ;
Je ne pouvais offrir ni présens ni victimes :
Né dans la pauvreté, j'offrais de simples vœux,
Un cœur pur et soumis, présent des malheureux.
Il semblait que le dieu, touché de mon hommage,
Au-dessus de moi-même élevât mon courage.
Deux inconnus armés m'ont abordé soudain,
L'un dans la fleur des ans, l'autre vers son déclin.
Quel est donc, m'ont-ils dit, le dessein qui te guide ?
Et quels vœux formes-tu pour la race d'Alcide ?
L'un et l'autre à ces mots ont levé le poignard.
Le Ciel m'a secouru dans ce triste hasard :
Cette main du plus jeune a puni la furie ;
Percé de coups, Madame, il est tombé sans vie :
L'autre a fui lâchement, tel qu'un vil assassin.
Et moi, je l'avoûrai, de mon sort incertain,
Ignorant de quel sang j'avais rougi la terre,
Craignant d'être puni d'un meurtre involontaire,
J'ai traîné dans les flots ce corps ensanglanté.
Je fuyais ; vos soldats m'ont bientôt arrêté :
Ils ont nommé Mérope, et j'ai rendu les armes.

MÉROPE.
EURYCLÈS.
Eh! Madame, d'où vient que vous versez des larmes?
MÉROPE.
Te le dirai-je? hélas! tandis qu'il m'a parlé,
Sa voix m'attendrissait; tout mon cœur s'est troublé.
Cresphonte, ô Ciel!.. j'ai cru... que j'en rougis de honte!
Oui, j'ai cru démêler quelques traits de Cresphonte.
Jeux cruels du hasard, en qui me montrez-vous
Une si fausse image et des rapports si doux?
Affreux ressouvenir, quel vain songe m'abuse?
EURYCLÈS.
Rejetez donc, Madame, un soupçon qui l'accuse;
Il n'a rien d'un barbare, et rien d'un imposteur.
MÉROPE.
Les dieux ont sur son front imprimé la candeur.
Demeurez; en quel lieu le Ciel vous fit-il naître?
ÉGISTHE.
En Élide.
MÉROPE.
Qu'entends-je! en Élide! Ah! peut-être...
L'Élide... répondez... Narbas vous est connu?
Le nom d'Égisthe au moins jusqu'à vous est venu?
Quel était votre état, votre rang, votre père?
ÉGISTHE.
Mon père est un vieillard accablé de misère;
Polyclète est son nom; mais Égisthe, Narbas,
Ceux dont vous me parlez, je ne les connais pas.
MÉROPE.
O dieux, vous vous jouez d'une triste mortelle!

ACTE II, SCÈNE II.

J'avais de quelque espoir une faible étincelle:
J'entrevoyais le jour, et mes yeux affligés
Dans la profonde nuit sont déjà replongés.
Et quel rang vos parens tiennent-ils dans la Grèce?
ÉGISTHE.
Si la vertu suffit pour faire la noblesse;
Ceux dont je tiens le jour, Polyclète, Siris,
Ne sont point des mortels dignes de vos mépris:
Leur sort les avilit; mais leur sage constance
Fait respecter en eux l'honorable indigence.
Sous ses rustiques toits mon père vertueux
Fait le bien, suit les lois, et ne craint que les dieux.
MÉROPE.
Chaque mot qu'il me dit est plein de nouveaux charmes:
Pourquoi donc le quitter, pourquoi causer ses larmes
Sans doute il est affreux d'être privé d'un fils.
ÉGISTHE.
Un vain désir de gloire a séduit mes esprits.
On me parlait souvent des troubles de Messène,
Des malheurs dont le Ciel avait frappé la reine,
Surtout de ses vertus, dignes d'un autre prix:
Je me sentais ému par ces tristes récits.
De l'Élide en secret dédaignant la mollesse,
J'ai voulu dans la guerre exercer ma jeunesse,
Servir sous vos drapeaux, et vous offrir mon bras;
Voilà le seul dessein qui conduisit mes pas.
Ce faux instinct de gloire égara mon courage:
A mes parens, flétris sous les rides de l'âge,
J'ai de mes jeunes ans dérobé le secours;

C'est ma première faute ; elle a troublé mes jours :
Le Ciel m'en a puni : le Ciel inexorable
M'a conduit dans le piége, et m'a rendu coupable.

MÉROPE.

Il ne l'est point ; j'en crois son ingénuité :
Le mensonge n'a point cette simplicité.
Tendons à sa jeunesse une main bienfaisante ;
C'est un infortuné que le Ciel me présente.
Il suffit qu'il soit homme, et qu'il soit malheureux.
Mon fils peut éprouver un sort plus rigoureux.
Il me rappelle Égisthe ; Égisthe est de son âge :
Peut-être, comme lui, de rivage en rivage,
Inconnu, fugitif, et partout rebuté,
Il souffre le mépris qui suit la pauvreté.
L'opprobre avilit l'âme, et flétrit le courage.
Pour le sang de nos dieux quel horrible partage !
Si du moins...

SCÈNE III.

MÉROPE, ÉGISTHE, EURYCLÈS, ISMÉNIE.

ISMÉNIE.

Ah ! Madame, entendez-vous ces cris ?
Savez-vous bien...

MÉROPE.

Quel trouble alarme tes esprits ?

ISMÉNIE.

Polyphonte l'emporte, et nos peuples volages

A son ambition prodiguent leurs suffrages.
Il est roi, c'en est fait.

ÉGISTHE.

J'avais cru que les dieux
Auraient placé Mérope au rang de ses aïeux.
Dieux! que plus on est grand, plus vos coups sont à
    craindre!
Errant, abandonné, je suis le moins à plaindre.
Tout homme a ses malheurs.

(*On emmène Egisthe.*)

EURYCLÈS, *à Mérope.*

Je vous l'avais prédit:
Vous avez trop bravé son offre et son crédit.

MÉROPE.

Je vois toute l'horreur de l'abîme où nous sommes.
J'ai mal connu les dieux, j'ai mal connu les hommes:
J'en attendais justice; ils la refusent tous.

EURYCLÈS.

Permettez que du moins j'assemble autour de vous
Ce peu de nos amis, qui, dans un tel orage,
Pourraient encor sauver les débris du naufrage,
Et vous mettre à l'abri des nouveaux attentats
D'un maître dangereux, et d'un peuple d'ingrats.

SCÈNE IV.

MÉROPE, ISMÉNIE.

ISMÉNIE.

L'état n'est point ingrat; non, Madame: on vous aime,

On vous conserve encor l'honneur du diadème :
On veut que Polyphonte, en vous donnant la main,
Semble tenir de vous le pouvoir souverain.

MÉROPE.

On ose me donner au tyran qui me brave ;
On a trahi le fils, on fait la mère esclave !

ISMÉNIE.

Le peuple vous rappelle au rang de vos aïeux ;
Suivez sa voix, Madame ; elle est la voix des dieux.

MÉROPE.

Inhumaine, tu veux que Mérope avilie
Rachète un vain honneur à force d'infamie !

SCÈNE V.

MÉROPE, EURYCLÈS, ISMÉNIE.

EURYCLÈS.

Madame, je reviens en tremblant devant vous :
Préparez ce grand cœur aux plus terribles coups ;
Rappelez votre force, à ce dernier outrage.

MÉROPE.

Je n'en ai plus ; les maux ont lassé mon courage :
Mais n'importe ; parlez.

EURYCLÈS.

    C'en est fait ; et le sort...
Je ne puis achever.

MÉROPE.

  Quoi ! mon fils !

EURYCLÈS.

>Il est mort.

Il est trop vrai : déjà cette horrible nouvelle
Consterne vos amis, et glace tout leur zèle.

MÉROPE.

Mon fils est mort !

ISMÉNIE.

>O dieux !

EURYCLÈS.

>D'indignes assassins

Des piéges de la mort ont semé les chemins.
Le crime est consommé.

MÉROPE.

>Quoi ! ce jour, que j'abhorre,

Ce soleil luit pour moi ! Mérope vit encore !
Il n'est plus ! Quelles mains ont déchiré son flanc ?
Quel monstre a répandu les restes de mon sang ?

EURYCLÈS.

Hélas ! cet étranger, ce séducteur impie,
Dont vous-même admiriez la vertu poursuivie,
Pour qui tant de pitié naissait dans votre sein,
Lui que vous protégiez !....

MÉROPE.

>Ce monstre est l'assassin !

EURYCLÈS.

Oui, Madame, on en a des preuves trop certaines ;
On vient de découvrir, de mettre dans les chaînes
Deux de ses compagnons, qui, cachés parmi nous,
Cherchaient encor Narbas échappé de leurs coups,

Celui qui, sur Égisthe, a mis ses mains hardies
A pris de votre fils les dépouilles chéries,
L'armure que Narbas emporta de ces lieux;
  (*On apporte cette armure dans le fond du théâtre.*)
Le traître avait jeté ces gages précieux,
Pour n'être point connu par ces marques sanglantes.

MÉROPE.

Ah! que me dites-vous? Mes mains, ces mains
  tremblantes
En armèrent Cresphonte, alors que de mes bras
Pour la première fois il courut aux combats.
O dépouille trop chère, en quelles mains livrée!
Quoi! ce monstre avait pris cette armure sacrée?

EURYCLÈS.

Celle qu'Égisthe même apportait en ces lieux.

MÉROPE.

Et teinte de son sang on la montre à mes yeux!
Ce vieillard qu'on a vu dans le temple d'Alcide....

EURYCLÈS.

C'était Narbas; c'était son déplorable guide;
Polyphonte l'avoue.

MÉROPE.
          Affreuse vérité!
Hélas! de l'assassin le bras ensanglanté,
Pour dérober aux yeux son crime et son parjure,
Donne à mon fils sanglant les flots pour sépulture!
Je vois tout. O mon fils, quel horrible destin!

EURYCLÈS.

Voulez-vous tout savoir de ce lâche assassin?

SCÈNE VI.

MÉROPE, EURYCLÈS, ISMÉNIE, ÉROX;

GARDES DE POLYPHONTE.

ÉROX.

Madame, par ma voix, permettez que mon maître,
Trop dédaigné de vous, trop méconnu peut-être,
Dans ces cruels momens vous offre son secours,
Il a su que d'Égisthe on a tranché les jours;
Et cette part qu'il prend aux malheurs de la reine....

MÉROPE.

Il y prend part, Érox, et je le crois sans peine;
Il en jouit du moins, et les destins l'ont mis
Au trône de Cresphonte, au trône de mon fils.

ÉROX.

Il vous offre ce trône; agréez qu'il partage
De ce fils qui n'est plus, le sanglant héritage,
Et que, dans vos malheurs, il mette à vos genoux
Un front que la couronne a fait digne de vous.
Mais il faut dans mes mains remettre le coupable:
Le droit de le punir est un droit respectable;
C'est le devoir des rois: le glaive de Thémis,
Ce grand soutien du trône, à lui seul est commis:
A vous, comme à son peuple, il veut rendre justice.
Le sang des assassins est le vrai sacrifice
Qui doit de votre hymen ensanglanter l'autel.

MÉROPE.

Non; je veux que ma main porte le coup mortel.

Si Polyphonte est roi ; je veux que sa puissance
Laisse à mon désespoir le soin de ma vengeance.
Qu'il règne, qu'il possède et mes biens et mon rang,
Tout l'honneur que je veux, c'est de venger mon sang.
Ma main est à ce prix ; allez, qu'il s'y prépare :
Je la retirerai du sein de ce barbare,
Pour la porter fumante aux autels de nos dieux.

ÉROX.

Le roi, n'en doutez point, va remplir tous vos vœux.
Croyez qu'à vos regrets son cœur sera sensible.

SCÈNE VII.

MÉROPE, EURYCLÈS, ISMÉNIE.

MÉROPE.

Non, ne m'en croyez point ; non, cet hymen horrible,
Cet hymen que je crains, ne s'accomplira pas.
Au sein du meurtrier j'enfoncerai mon bras ;
Mais ce bras à l'instant m'arrachera la vie.

EURYCLÈS.

Madame, au nom des dieux...

MÉROPE.

                Ils m'ont trop poursuivie.
Irai-je à leurs autels, objet de leur courroux,
Quand ils m'ôtent un fils, demander un époux,
Joindre un sceptre étranger au sceptre de mes pères,
Et les flambeaux d'hymen aux flambeaux funéraires ?
Moi, vivre ! moi, lever mes regards éperdus
Vers ce ciel outragé que mon fils ne voit plus !

Sous un maître odieux dévorant ma tristesse,
Attendre dans les pleurs une affreuse vieillesse !
Quand on a tout perdu, quand on n'a plus d'espoir,
La vie est un opprobe, et la mort un devoir.

FIN DU SECOND ACTE.

ACTE III.

SCÈNE PREMIÈRE.

NARBAS.

O douleur! ô regrets! ô vieillesse pesante!
Je n'ai pu retenir cette fougue imprudente,
Cette ardeur d'un héros, ce courage emporté,
S'indignant dans mes bras de son obscurité.
Je l'ai perdu! la mort me l'a ravi peut-être.
De quel front aborder la mère de mon maître?
Quels maux sont en ces lieux accumulés sur moi!
Je reviens sans Égisthe; et Polyphonte est roi!
Cet heureux artisan de fraudes et de crimes,
Cet assassin farouche entouré de victimes,
Qui, nous persécutant de climats en climats,
Sema partout la mort, attachée à nos pas:
Il règne; il affermit le trône qu'il profane;
Il y jouit en paix du Ciel qui le condamne!
Dieux! cachez mon retour à ses yeux pénétrans;
Dieux! dérobez Égisthe au fer de ses tyrans:
Guidez moi vers sa mère, et qu'à ses pieds je meure.
Je vois, je reconnais cette triste demeure.
Où le meilleur des rois a reçu le trépas,

Où son fils tout sanglant fut sauvé dans mes bras.
Hélas! après quinze ans d'exil et de misère,
Je viens coûter encor des larmes à sa mère.
A qui me déclarer? Je cherche dans ces lieux
Quelque ami, dont la main me conduise à ses yeux;
Aucun ne se présente à ma débile vue.
Je vois près d'une tombe une foule éperdue:
J'entends des cris plaintifs. Hélas! dans ce palais
Un dieu persécuteur habite pour jamais.

SCÈNE II.

NARBAS, ISMÉNIE, *dans le fond du théâtre, où l'on découvre le tombeau de Cresphonte.*

ISMÉNIE.

Quel est cet inconnu dont la vue indiscrète
Ose troubler la reine, et percer sa retraite?
Est-ce de nos tyrans quelque ministre affreux,
Dont l'œil vient épier les pleurs des malheureux?

NARBAS.

Oh! qui que vous soyez, excusez mon audace:
C'est un infortuné qui demande une grâce.
Il peut servir Mérope; il voudrait lui parler.

ISMÉNIE.

Ah! quel temps prenez-vous pour oser la troubler?
Respectez la douleur d'une mère éperdue:
Malheureux étranger, n'offensez point sa vue;
Éloignez-vous.

NARBAS.

Hélas! au nom des dieux vengeurs,
Accordez cette grâce à mon âge, à mes pleurs.
Je ne suis point, Madame, étranger dans Messène.
Croyez, si vous servez, si vous aimez la reine,
Que mon cœur, à son sort attaché comme vous,
De sa longue infortune a senti tous les coups.
Quelle est donc cette tombe en ces lieux élevée
Que j'ai vu de vos pleurs en ce moment lavée?

ISMÉNIE.

C'est la tombe d'un roi, des dieux abandonnée,
D'un héros, d'un époux, d'un père infortuné,
De Cresphonte.

NARBAS, *allant vers le tombeau.*

O mon maître, ô cendres que j'adore!

ISMÉNIE.

L'épouse de Cresphonte est plus à plaindre encore.

NARBAS.

Quels coups auraient comblé ses malheurs inouïs?

ISMÉNIE.

Le coup le plus terrible; on a tué son fils.

NARBAS.

Son fils Égisthe, ô dieux! le malheureux Égisthe!

ISMÉNIE.

Nul mortel en ces lieux n'ignore un sort si triste.

NARBAS.

Son fils ne serait plus?

ISMÉNIE.

Un barbare assassin

Aux portes de Messène a déchiré son sein.

NARBAS.

O désespoir! ô mort que ma crainte a prédite!
Il est assassiné? Mérope en est instruite?
Ne vous trompez-vous pas?

ISMÉNIE.

Des signes trop certains
Ont éclairé nos yeux sur ses affreux destins.
C'est vous en dire assez; sa perte est assurée.

NARBAS.

Quel fruit de tant de soins?

ISMÉNIE.

Au désespoir livrée
Mérope va mourir; son courage est vaincu :
Pour son fils seulement Mérope avait vécu :
Des nœuds qui l'arrêtaient sa vie est dégagée;
Mais avant de mourir elle sera vengée :
Le sang de l'assassin par sa main doit couler;
Au tombeau de Cresphonte elle va l'immoler.
Le roi qui l'a permis, cherche à flatter sa peine;
Un des siens en ces lieux doit aux pieds de la reine
Amener à l'instant ce lâche meurtrier,
Qu'au sang d'un fils si cher on va sacrifier.
Mérope cependant, dans sa douleur profonde,
Veut de ce lieu funeste écarter tout le monde.

NARBAS, *s'en allant.*

Hélas! s'il est ainsi, pourquoi me découvrir?
Au pied de ce tombeau je n'ai plus qu'à mourir.

SCÈNE III.

ISMÉNIE.

Ce vieillard est, sans doute, un citoyen fidèle;
Il pleure; il ne craint point de marquer un vrai zèle:
Il pleure; et tout le reste, esclave des tyrans,
Détourne loin de nous des yeux indifférens.
Quel si grand intérêt prend-il à nos alarmes?
La tranquille pitié fait verser moins de larmes.
Il montrait pour Égisthe un cœur trop paternel!
Hélas! courons à lui.... Mais quel objet cruel!

SCÈNE IV.

MÉROPE, ISMÉNIE, EURYCLÈS; ÉGISTHE
enchaîné; GARDES, SACRIFICATEURS.

MÉROPE.
Qu'on amène à mes yeux cette horrible victime.
Inventons des tourmens qui soient égaux au crime;
Ils ne pourront jamais égaler ma douleur.

ÉGISTHE.
On m'a vendu bien cher un instant de faveur.
Secourez-moi, grands dieux, à l'innocent propices!

EURYCLÈS.
Avant que d'expirer, qu'il nomme ses complices.

MÉROPE, *avançant.*
Oui; sans doute, il le faut. Monstre! qui t'a porté

ACTE III, SCÈNE IV.

A ce comble du crime, à tant de cruauté?
Que t'ai-je fait?

ÉGISTHE.

Les dieux, qui vengent le parjure,
Sont témoins si ma bouche a connu l'imposture.
J'avais dit à vos pieds la simple vérité;
J'avais déjà fléchi votre cœur irrité;
Vous étendiez sur moi votre main protectrice:
Qui peut avoir sitôt lassé votre justice?
Et quel est donc ce sang qu'a versé mon erreur?
Quel nouvel intérêt vous parle en sa faveur?

MÉROPE.

Quel intérêt? barbare!

ÉGISTHE.

Hélas! sur son visage
J'entrevois de la mort la douloureuse image:
Que j'en suis attendri! j'aurais voulu cent fois
Racheter de mon sang l'état où je la vois.

MÉROPE.

Le cruel! à quel point on l'instruisit à feindre!
Il m'arrache la vie et semble encor me plaindre.

(*Elle se jette dans les bras d'Isménie.*)

EURYCLÈS.

Madame, vengez-vous, et vengez à la fois
Les lois, et la nature, et le sang de nos rois.

ÉGISTHE.

A la cour de ces rois telle est donc la justice!
On m'accueille, on me flatte, on résout mon supplice.
Quel destin m'arrachait à mes tristes forêts?

Vieillard infortuné, quels seront vos regrets ?
Mère trop malheureuse, et dont la voix si chère
M'avait prédit....

MÉROPE.

Barbare ! il te reste une mère.
Je serais mère encor sans toi, sans ta fureur.
Tu m'as ravi mon fils.

ÉGISTHE.

Si tel est mon malheur,
S'il était votre fils, je suis trop condamnable.
Mon cœur est innocent, mais ma main est coupable.
Que je suis malheureux ! Le Ciel sait qu'aujourd'hui
J'aurais donné ma vie et pour vous et pour lui.

MÉROPE.

Quoi traître ! quand ta main lui ravit cette armure....

ÉGISTHE.

Elle est à moi.

MÉROPE.

Comment ? que dis-tu ?

ÉGISTHE.

Je vous jure,
Par vous, par ce cher fils, par vos divins aïeux,
Que mon père en mes mains mit ce don précieux.

MÉROPE.

Qui ? ton père ? en Élide ? en quel trouble il me jette !
Son nom ? parle : réponds.

ÉGISTHE.

Son nom est Polyclète :
Je vous l'ai déjà dit.

ACTE III SCÈNE IV.

MÉROPE.

Tu m'arraches le cœur,
Quelle indigne pitié suspendait ma fureur !
C'en est trop ; secondez la rage qui me guide.
Qu'on traîne à ce tombeau ce monstre, ce perfide.
(*levant le poignard.*)
Mânes de mon cher fils, mes bras ensanglantés....

NARBAS, *paraissant avec précipitation.*

Qu'allez-vous faire, ô dieux !

MÉROPE.

Qui m'appelle ?

NARBAS.

Arrêtez !
Hélas ! il est perdu si je nomme sa mère,
S'il est connu.

MÉROPE.

Meurs, traître !

NARBAS.

Arrêtez !

ÉGISTHE, *tournant les yeux vers Narbas.*

O mon père !

MÉROPE.

Son père !

ÉGISTHE, *à Narbas.*

Hélas ! que vois-je ? où portez-vous vos pas ?
Venez-vous être ici témoin de mon trépas ?

NARBAS.

Ah ! Madame, empêchez qu'on achève le crime.
Euryclès, écoutez, écartez la victime :

Que je vous parle.

EURYCLÈS *emmène Egisthe, et ferme le fond du théâtre.*
O Ciel!

MÉROPE, *s'avançant.*
Vous me faites trembler :
J'allais venger mon fils.

NARBAS, *se jetant à genoux.*
Vous alliez l'immoler.
Égisthe....

MÉROPE, *laissant tomber le poignard.*
Eh bien, Égisthe?

NARBAS.
O reine infortunée!
Celui dont votre main tranchait la destinée,
C'est Égisthe....

MÉROPE.
Il vivrait!

NARBAS.
C'est lui, c'est votre fils.

MÉROPE, *tombant dans les bras d'Isménie.*
Je me meurs!

ISMÉNIE.
Dieux puissans!

NARBAS, *à Isménie.*
Rappelez ses esprits.
Hélas! ce juste excès de joie et de tendresse,
Ce trouble si soudain, ce remords qui la presse,
Vont consumer ses jours usés par la douleur.

MÉROPE, *revenant à elle.*

Ah, Narbas, est-ce vous? est-ce un songe trompeur?
Quoi! c'est vous! c'est mon fils! qu'il vienne, qu'il
    paraisse.

NARBAS.

Redoutez, renfermez cette juste tendresse.
    (*à Isménie.*)
Vous, cachez à jamais ce secret important;
Le salut de la reine et d'Égisthe en dépend.

MÉROPE.

Ah! quel nouveau danger empoisonne ma joie!
Cher Égisthe! quel dieu défend que je te voie?
Ne m'est-il donc rendu que pour mieux m'affliger?

NARBAS.

Ne le connaissant pas, vous alliez l'égorger;
Et, si son arrivée est ici découverte,
En le reconnaissant vous assurez sa perte.
Malgré la voix du sang, feignez, dissimulez:
Le crime est sur le trône: on vous poursuit; tremblez.

SCÈNE V.

MÉROPE, EURYCLÈS, NARBAS, ISMÉNIE.

EURYCLÈS.

Ah? Madame, le roi commande qu'on saisisse...

MÉROPE.

Qui?

EURYCLÈS.

Ce jeune étranger qu'on destine au supplice.

MÉROPE, *avec transport.*

Eh bien! cet étranger, c'est mon fils, c'est mon sang.
Narbas, on va plonger le couteau dans son flanc!
Courons tous.

NARBAS.

Demeurez.

MÉROPE.

C'est mon fils qu'on entraîne.
Pourquoi? quelle entreprise exécrable et soudaine!
Pourquoi m'ôter Égisthe?

EURYCLÈS.

Avant de vous venger,
Polyphonte, dit-il, prétend l'interroger.

MÉROPE.

L'interroger? qui? lui? sait-il quelle est sa mère?

EURYCLÈS.

Nul ne soupçonne encor ce terrible mystère.

MÉROPE.

Courons à Polyphonte, implorons son appui.

NARBAS.

N'implorez que les dieux, et ne craignez que lui.

EURYCLÈS.

Si les droits de ce fils font au roi quelque ombrage,
De son salut au moins votre hymen est le gage.
Prêt à s'unir à vous d'un éternel lien,
Votre fils aux autels va devenir le sien.
Et dût sa politique en être encor jalouse,
Il faut qu'il serve Égisthe, alors qu'il vous épouse.

ACTE III, SCÈNE V.

NARBAS.
Il vous épouse! lui! quel coup de foudre! ô Ciel!

MÉROPE.
C'est mourir trop long-temps dans ce trouble cruel.
Je vais...

NARBAS.
Vous n'irez point, ô mère déplorable!
Vous n'accomplirez point cet hymen exécrable.

EURYCLÈS.
Narbas, elle est forcée à lui donner la main.
Il peut venger Cresphonte.

NARBAS.
Il en est l'assassin.

MÉROPE.
Lui? ce traître!

NARBAS.
Oui, lui-même; oui, ses mains sanguinaires
Ont égorgé d'Égisthe et le père et les frères :
Je l'ai vu sur mon roi, j'ai vu porter les coups;
Je l'ai vu tout couvert du sang de votre époux.

MÉROPE.
Ah, dieux!

NARBAS.
J'ai vu ce monstre entouré de victimes;
Je l'ai vu contre vous accumuler les crimes;
Il déguisa sa rage à force de forfaits;
Lui-même aux ennemis il ouvrit ce palais :
Il y porta la flamme; et parmi le carnage,
Parmi les traits, les feux, le trouble, le pillage,

Teint du sang de vos fils, mais des brigands vainqueur,
Assassin de son prince, il parut son vengeur.
D'ennemis, de mourans, vous étiez entourée;
Et moi, perçant à peine une foule égarée,
J'emportai votre fils dans mes bras languissans.
Les dieux ont pris pitié de ses jours innocens :
Je l'ai conduit, seize ans, de retraite en retraite;
J'ai pris pour me cacher le nom de Polyclète;
Et lorsqu'en arrivant je l'arrache à vos coups,
Polyphonte est son maître, et devient votre époux!

MÉROPE.

Ah! tout mon sang se glace à ce récit horrible.

EURYCLÈS.

On vient : c'est Polyphonte.

MÉROPE.

O dieux! est-il possible?
(*à Narbas.*)
Va, dérobe surtout ta vue à sa fureur.

NARBAS.

Hélas! si votre fils est cher à votre cœur,
Avec son assassin dissimulez, Madame.

EURYCLÈS.

Renfermons ce secret dans le fond de notre âme.
Un seul mot peut le perdre.

MÉROPE, *à Euryclès.*

Ah! cours; et que tes yeux
Veillent sur ce dépôt si cher, si précieux.

EURYCLÈS.

N'en doutez point.

MÉROPE.

Hélas! j'espère en ta prudence :
C'est mon fils, c'est ton roi. Dieux! ce monstre s'avance.

SCÈNE VI.

MÉROPE, POLYPHONTE, ÉROX, ISMÉNIE.

POLYPHONTE.

Le trône vous attend, et les autels sont prêts;
L'hymen qui va nous joindre unit nos intérêts.
Comme roi, comme époux, le devoir me commande
Que je venge le meurtre, et que je vous défende.
Deux complices déjà, par mon ordre saisis,
Vont payer de leur sang le sang de votre fils.
Mais, malgré tous mes soins, votre lente vengeance
A bien mal secondé ma prompte vigilance.
J'avais à votre bras remis cet assassin ;
Vous-même, disiez-vous, deviez percer son sein.

MÉROPE.

Plût aux dieux que mon bras fût le vengeur du crime!

POLYPHONTE.

C'est le devoir des rois, c'est le soin qui m'anime.

MÉROPE.

Vous?

POLYPHONTE.

Pourquoi donc, Madame, avez-vous différé?
Votre amour pour un fils serait-il altéré?

MÉROPE.

Puissent ses ennemis périr dans les supplices!

Mais si ce meurtrier, Seigneur, a des complices ;
Si je pouvais par lui reconnaître le bras,
Le bras dont mon époux a reçu le trépas...
Ceux dont la race impie a massacré le père
Poursuivront à jamais et le fils et la mère.
Si l'on pouvait...

POLYPHONTE.

C'est là ce que je veux savoir ;
Et déjà le coupable est mis en mon pouvoir.

MÉROPE.

Il est entré vos mains ?

POLYPHONTE.

Oui, Madame, et j'espère
Percer en lui parlant ce ténébreux mystère.

MÉROPE.

Ah ! barbare !... A moi seule il faut qu'il soit remis.
Rendez-moi... Vous savez que vous l'avez promis.
(*à part.*)
O mon sang ! ô mon fils ! quel sort on vous prépare !
(*à Polyphonte.*)
Seigneur, ayez pitié...

POLYPHONTE.

Quel transport vous égare !
Il mourra.

MÉROPE.

Lui ?

POLYPHONTE.

Sa mort pourra vous consoler.

ACTE III, SCÈNE VI.

MÉROPE.
Ah! je veux à l'instant le voir et lui parler.

POLYPHONTE.
Ce mélange inouï d'horreur et de tendresse,
Ces transports dont votre âme à peine est la maîtresse,
Ces discours commencés, ce visage interdit,
Pourraient de quelque ombrage alarmer mon esprit.
Mais puis-je m'expliquer avec moins de contrainte?
D'un déplaisir nouveau votre âme semble atteinte.
Qu'a donc dit ce vieillard que l'on vient d'amener?
Pourquoi fuit-il mes yeux? que dois-je en soupçonner?
Quel est-il?

MÉROPE.
Eh! Seigneur, à peine sur le trône,
La crainte, le soupçon déjà vous environne!

POLYPHONTE.
Partagez donc ce trône : et, sûr de mon bonheur,
Je verrais les soupçons exilés de mon cœur.
L'autel attend déjà Mérope et Polyphonte.

MÉROPE, *en pleurant*.
Les dieux vous ont donné le trône de Cresphonte;
Il y manquait sa femme, et ce comble d'horreur,
Ce crime épouvantable...

ISMÉNIE.
Eh, Madame!

MÉROPE.
Ah! Seigneur,
Pardonnez.... Vous voyez une mère éperdue.
Les dieux m'ont tout ravi; les dieux m'ont confondue.

Pardonnez.... De mon fils rendez-moi l'assassin.
POLYPHONTE.
Tout mon sang, s'il le faut, va couler sous ma main.
Venez, Madame.
MÉROPE.
O dieux! dans l'horreur qui me presse,
Secourez une mère, et cachez sa faiblesse.

FIN DU TROISIÈME ACTE.

ACTE IV.

SCÈNE PREMIÈRE.

POLYPHONTE, ÉROX.

POLYPHONTE.
A ses emportemens, je croirais qu'à la fin
Elle a de son époux reconnu l'assassin;
Je croirais que ses yeux ont éclairé l'abîme
Où dans l'impunité s'était caché mon crime.
Son cœur avec effroi se refuse à mes vœux ;
Mais ce n'est pas son cœur, c'est sa main que je veux :
Telle est la loi du peuple, il le faut satisfaire,
Cet hymen m'asservit et le fils et la mère;
Et par ce nœud sacré, qui la met dans mes mains,
Je n'en fais qu'un esclave utile à mes desseins.
Qu'elle écoute à son gré son impuissante haine;
Au char de ma fortune il est temps qu'on l'enchaîne.
Mais vous, au meurtrier vous venez de parler;
Que pensez-vous de lui ?

ÉROX.
     Rien ne peut le troubler.
Simple dans ses discours, mais ferme, invariable,

La mort ne fléchit point cette âme impénétrable.
J'en suis frappé, Seigneur, et je n'attendais pas
Un courage aussi grand dans un rang aussi bas.
J'avoûrai qu'en secret moi-même je l'admire.

POLYPHONTE.

Quel est-il, en un mot?

ÉROX.

Ce que j'ose vous dire,
C'est qu'il n'est point, sans doute, un de ces assassins
Disposés en secret pour servir vos desseins.

POLYPHONTE.

Pouvez-vous en parler avec tant d'assurance?
Leur conducteur n'est plus. Ma juste défiance
A pris soin d'effacer dans son sang dangereux
De ce secret d'état les vestiges honteux :
Mais ce jeune inconnu me tourmente et m'attriste.
Me répondez-vous bien qu'il m'ait défait d'Égisthe?
Croirai-je que, toujours soigneux de m'obéir,
Le sort jusqu'à ce point m'ait voulu prévenir?

ÉROX.

Mérope, dans les pleurs mourant désespérée,
Est de votre bonheur une preuve assurée;
Et tout ce que je vois le confirme en effet.
Plus fort que tous nos soins, le hasard a tout fait.

POLYPHONTE.

Le hasard va souvent plus loin que la prudence,
Mais j'ai trop d'ennemis, et trop d'expérience,
Pour laisser le hasard arbitre de mon sort.
Quel que soit l'étranger, il faut hâter sa mort.

ACTE IV, SCÈNE I.

Sa mort sera le prix de cet hymen auguste;
Elle affermit mon trône : il suffit, elle est juste
Le peuple, sous mes lois pour jamais engagé,
Croira son prince mort, et le croira vengé.
Mais répondez : quel est ce vieillard téméraire
Qu'on dérobe à ma vue avec tant de mystère?
Mérope allait verser le sang de l'assassin :
Ce vieillard, dites-vous, a retenu sa main ;
Que voulait-il ?

ÉROX.

Seigneur, chargé de sa misère,
De ce jeune étranger ce vieillard est le père :
Il venait implorer la grâce de son fils.

POLYPHONTE.

Sa grâce? Devant moi je veux qu'il soit admis.
Ce vieillard me trahit, crois-moi, puisqu'il se cache.
Ce secret m'importune; il faut que je l'arrache.
Le meurtrier, surtout, excite mes soupçons.
Pourquoi, par quel caprice, et par quelles raisons!,
La reine, qui tantôt pressait tant son supplice,
N'ose-t-elle achever ce juste sacrifice ?
La pitié paraissait adoucir ses fureurs;
Sa joie éclatait même à travers ses douleurs.

ÉROX.

Qu'importe sa pitié, sa joie, et sa vengeance?

POLYPHONTE.

Tout m'importe, et de tout je suis en défiance.
Elle vient : qu'on m'amène ici cet étranger.

SCÈNE II.

POLYPHONTE, ÉROX, ÉGISTHE, EURYCLÈS,
MÉROPE, ISMÉNIE, GARDES.

MÉROPE.

Remplissez vos sermens; songez à me venger :
Qu'à mes mains, à moi seule on laisse la victime.

POLYPHONTE.

La voici devant vous. Votre intérêt m'anime.
Vengez-vous; baignez-vous au sang du criminel,
Et sur son corps sanglant je vous mène à l'autel.

MÉROPE.

Ah! dieux!

ÉGISTHE, *à Polyphonte*.

Tu vends mon sang à l'hymen de la reine;
Ma vie est peu de chose, et je mourrai sans peine;
Mais je suis malheureux, innocent, étranger;
Si le Ciel t'a fait roi, c'est pour me protéger.
J'ai tué justement un injuste adversaire.
Mérope veut ma mort, je l'excuse, elle est mère;
Je bénirai ses coups prêts à tomber sur moi :
Et je n'accuse ici qu'un tyran tel que toi.

POLYPHONTE.

Malheureux! oses-tu, dans ta rage insolente....

MÉROPE.

Eh! Seigneur, excusez sa jeunesse imprudente;
Élevé loin des cours et nourri dans les bois,

ACTE IV, SCÈNE II.

Il ne sait pas encor ce qu'on doit à des rois.

POLYPHONTE.

Qu'entends-je! quel discours! quelle surprise extrême!
Vous, le justifier!

MÉROPE.

Qui, moi, Seigneur?

POLYPHONTE.

Vous-même.
De cet égarement sortirez-vous enfin?
De votre fils, Madame, est-ce ici l'assassin?

MÉROPE.

Mon fils, de tant de rois le déplorable reste,
Mon fils, enveloppé dans un piége funeste,
Sous les coups d'un barbare....

ISMÉNIE.

O Ciel! que faites-vous?

POLYPHONTE.

Quoi! vos regards sur lui se tournent sans courroux!
Vous tremblez à sa vue, et vos yeux s'attendrissent?
Vous voulez me cacher les pleurs qui les remplissent?

MÉROPE.

Je ne les cache point, ils paraissent assez;
La cause en est trop juste, et vous la connaissez.

POLYPHONTE.

Pour en tarir la source il est temps qu'il expire.
Qu'on l'immole, soldats.

MÉROPE, *s'avançant*.

Cruel! qu'osez-vous dire?

MÉROPE.

ÉGISTHE.

Quoi! de pitié pour moi tous vos sens sont saisis!

POLYPHONTE.

Qu'il meure!

MÉROPE.

Il est....

POLYPHONTE.

Frappez.

MÉROPE, *se jetant entre Egisthe et les soldats.*

Barbare! il est mon fils.

ÉGISTHE.

Moi! votre fils?

MÉROPE, *en l'embrassant.*

Tu l'es : et ce Ciel que j'atteste,
Ce Ciel qui t'a formé dans un sein si funeste,
Et qui trop tard, hélas! a dessillé mes yeux,
Te remet dans mes bras pour nous perdre tous deux.

ÉGISTHE.

Quel miracle, grands dieux, que je ne puis comprendre!

POLYPHONTE.

Une telle imposture a de quoi me surprendre.
Vous, sa mère? Qui? vous, qui demandiez sa mort?

ÉGISTHE.

Ah! si je meurs son fils, je rends grâce à mon sort.

MÉROPE.

Je suis sa mère. Hélas! mon amour m'a trahie.
Oui, tu tiens dans tes mains le secret de ma vie.
Tu tiens le fils des dieux enchaîné devant toi,
L'héritier de Cresphonte, et ton maître, et ton roi.

Tu peux, si tu le veux, m'accuser d'imposture.
Ce n'est pas aux tyrans à sentir la nature;
Ton cœur, nourri de sang, n'en peut être frappé.
Oui, c'est mon fils, te dis-je, au carnage échappé.
POLYPHONTE.
Que prétendez-vous dire, et sur quelles alarmes...?
ÉGISTHE.
Va, je me crois son fils; mes preuves sont ses larmes,
Mes sentimens, mon cœur par la gloire animé,
Mon bras, qui t'eût puni s'il n'était désarmé.
POLYPHONTE.
Ta rage auparavant sera seule punie.
C'est trop.
MÉROPE, *se jetant à ses genoux*.
Commencez donc par m'arracher la vie;
Ayez pitié des pleurs dont mes yeux sont noyés.
Que vous faut-il de plus ? Mérope est à vos pieds,
Mérope les embrasse, et craint votre colère.
A cet effort affreux jugez si je suis mère,
Jugez de mes tourmens : ma détestable erreur,
Ce matin, de mon fils allait percer le cœur.
Je pleure à vos genoux mon crime involontaire.
Cruel! vous qui vouliez lui tenir lieu de père,
Qui deviez protéger ses jours infortunés,
Le voilà devant vous, et vous l'assassinez!
Son père est mort, hélas! par un crime funeste;
Sauvez le fils : je puis oublier tout le reste;
Sauvez le sang des dieux et de vos souverains;
Il est seul, sans défense, il est entre vos mains.

Qu'il vive, et c'est assez. Heureuse en mes misères,
Lui seul il më rendra mon époux et ses frères.
Vous voyez avec moi ses aïeux à genoux,
Votre roi dans les fers.

ÉGISTHE.

O reine, levez-vous,
Et daignez me prouver que Cresphonte est mon père,
En cessant d'avilir et sa veuve et ma mère.
Je sais peu de mes droits quelle est la dignité
Mais le Ciel m'a fait naître avec trop de fierté,
Avec un cœur trop haut pour qu'un tyran l'abaisse.
De mon premier état j'ai bravé la bassesse,
Et mes yeux du présent ne sont point éblouis.
Je me sens né des rois, je me sens votre fils.
Hercule ainsi que moi commença sa carrière;
Il sentit l'infortune en ouvrant la paupière;
Et les dieux l'ont conduit à l'immortalité,
Pour avoir, comme moi, vaincu l'adversité.
S'il m'a transmis son sang, j'en aurai le courage.
Mourir digne de vous, voilà mon héritage.
Cessez de le prier; cessez de démentir
Le sang des demi-dieux dont on me fait sortir.

POLYPHONTE, *à Mérope.*

Eh bien! il faut ici nous expliquer sans feinte.
Je prends part aux douleurs dont vous êtes atteinte;
Son courage me plaît; je l'estime, et je crois
Qu'il mérite en effet d'être du sang des rois.
Mais une vérité d'une telle importance
N'est pas de ces secrets qu'on croit sans évidence.

Je le prends sous ma garde, il m'est déjà remis ;
Et, s'il est né de vous, je l'adopte pour fils.
ÉGISTHE.
Vous, m'adopter ?
MÉROPE.
Hélas !
POLYPHONTE.
Réglez sa destinée.
Vous achetiez sa mort avec mon hyménée.
La vengeance à ce point a pu vous captiver ;
L'amour fera-t-il moins quand il faut le sauver ?
MÉROPE.
Quoi, barbare !
POLYPHONTE.
Madame, il y va de sa vie.
Votre âme en sa faveur paraît trop attendrie,
Pour vouloir exposer à mes justes rigueurs,
Par d'imprudens refus, l'objet de tant de pleurs.
MÉROPE.
Seigneur, que de son sort il soit du moins le maître.
Daignez....
POLYPHONTE.
C'est votre fils, Madame, ou c'est un traître.
Je dois m'unir à vous pour lui servir d'appui,
Ou je dois me venger et de vous et de lui.
C'est à vous d'ordonner sa grâce ou son supplice.
Vous êtes en un mot sa mère, ou sa complice.
Choisissez ; mais sachez qu'au sortir de ces lieux
Je ne vous en croirai qu'en présence des dieux.

Vous, soldats, qu'on le garde ; et vous, que l'on me suive.

(*à Mérope.*)

Je vous attends ; voyez si vous voulez qu'il vive ;
Déterminez d'un mot mon esprit incertain ;
Confirmez sa naissance en me donnant la main.
Votre seule réponse ou le sauve, ou l'opprime.
Voilà mon fils, Madame, ou voilà ma victime.
Adieu.

MÉROPE.

Ne m'ôtez pas la douceur de le voir.
Rendez-le à mon amour, à mon vain désespoir.

POLYPHONTE.

Vous le verrez au temple.

ÉGISTHE, *que les soldats emmènent.*

O reine auguste et chère !
O vous que j'ose à peine encor nommer ma mère !
Ne faites rien d'indigne et de vous et de moi :
Si je suis votre fils, je sais mourir en roi.

SCÈNE III.

MÉROPE.

Cruels, vous l'enlevez ; en vain je vous implore :
Je ne l'ai donc revu que pour le perdre encore ?
Pourquoi m'exauciez-vous, ô Dieu trop imploré,
Pourquoi rendre à mes vœux ce fils tant désiré ?
Vous l'avez arraché d'une terre étrangère,
Victime réservée au bourreau de son père.

Ah ! privez-moi de lui ; cachez ses pas errans
Dans le fond des déserts, à l'abri des tyrans.

SCÈNE IV.

MÉROPE, NARBAS, EURYCLÈS.

MÉROPE.

Sais-tu l'excès d'horreur où je me vois livrée ?

NARBAS.

Je sais que de mon roi la perte est assurée,
Que déjà dans les fers Égisthe est retenu,
Qu'on observe mes pas.

MÉROPE.

C'est moi qui l'ai perdu.

NARBAS.

Vous !

MÉROPE.

J'ai tout révélé. Mais, Narbas, quelle mère,
Prête à perdre son fils, peut le voir et se taire ?
J'ai parlé, c'en est fait ; et je dois désormais
Réparer ma faiblesse à force de forfaits.

NARBAS.

Quels forfaits dites-vous ?

SCÈNE V.

MÉROPE, NARBAS, EURYCLÈS, ISMÉNIE.

ISMÉNIE.

Voici l'heure, Madame,

Qu'il vous faut rassembler les forces de votre âme.
Un vain peuple, qui vole après la nouveauté,
Attend votre hyménée avec avidité.
Le tyran règle tout ; il semble qu'il apprête
L'appareil d'un carnage, et non pas d'une fête.
Par l'or de ce tyran le grand-prêtre inspiré
A fait parler le dieu dans son temple adoré.
Au nom de vos aïeux et du dieu qu'il atteste,
Il vient de déclarer cette union funeste.
Polyphonte, dit-il, a reçu vos sermens ;
Messène en est témoin, les dieux en sont garans.
Le peuple a répondu par des cris d'allégresse ;
Et ne soupçonnant pas le chagrin qui vous presse,
Il célèbre à genoux cet hymen plein d'horreur :
Il bénit le tyran qui vous perce le cœur.

MÉROPE.

Et mes malheurs encor font la publique joie ?

NARBAS.

Pour sauver votre fils quelle funeste voie !

MÉROPE.

C'est un crime effroyable, et déjà tu frémis.

NARBAS.

Mais c'en est un plus grand de perdre votre fils.

MÉROPE.

Eh bien ! le désespoir m'a rendu mon courage.
Courons tous vers ce temple où m'attend mon outrage.
Montrons mon fils au peuple, et plaçons-le à leurs yeux,
Entre l'autel et moi sous la garde des dieux.
Il est né de leur sang, ils prendront sa défense ;

ACTE IV, SCÈNE V.

Ils ont assez long-temps trahi son innocence.
De son lâche assassin je peindrai les fureurs :
L'horreur et la vengeance empliront tous les cœurs.
Tyrans, craignez les cris et les pleurs d'une mère.
On vient. Ah! je frissonne. Ah! tout me désespère.
On m'appelle, et mon fils est au bord du cercueil,
Le tyran peut encore l'y plonger d'un coup d'œil.
(aux sacrificateurs.)
Ministres rigoureux du monstre qui m'opprime,
Vous venez à l'autel entraîner la victime.
O vengeance! ô tendresse! ô nature! ô devoir!
Qu'allez-vous ordonner d'un cœur au désespoir?

FIN DU QUATRIÈME ACTE.

ACTE V.

SCÈNE PREMIÈRE.

ÉGISTHE, NARBAS, EURYCLÈS.

NARBAS.
Le tyran nous retient au palais de la reine,
Et notre destinée est encore incertaine.
Je tremble pour vous seul. Ah, mon prince! ah! mon fils!
Souffrez qu'un nom si doux me soit encor permis.
Ah! vivez. D'un tyran désarmez la colère,
Conservez une tête, hélas! si nécessaire,
Si long-temps menacée, et qui m'a tant coûté.

EURYCLÈS.
Songez que, pour vous seul abaissant sa fierté,
Mérope de ses pleurs daigne arroser encore
Les parricides mains d'un tyran qu'elle abhorre.

ÉGISTHE.
D'un long étonnement à peine revenu,
Je crois renaître ici dans un monde inconnu.
Un nouveau sang m'anime, un nouveau jour m'éclaire.
Qui, moi, né de Mérope! et Cresphonte est mon père!
Son assassin triomphe; il commande, et je sers!

ACTE V, SCÈNE I.

Je suis le sang d'Hercule, et je suis dans les fers!

NARBAS.

Plût aux dieux qu'avec moi le petit-fils d'Alcide
Fût encore inconnu dans les champs de l'Élide!

ÉGISTHE.

Eh quoi! tous les malheurs aux humains réservés,
Faut-il, si jeune encor, les avoir éprouvés?
Les ravages, l'exil, la mort, l'ignominie,
Dès ma première aurore ont assiégé ma vie.
De déserts en déserts, errant, persécuté,
J'ai langui dans l'opprobre et dans l'obscurité.
Le Ciel sait cependant si, parmi tant d'injures,
J'ai permis à ma voix d'éclater en murmures.
Malgré l'ambition qui dévorait mon cœur,
J'embrassai les vertus qu'exigeait mon malheur;
Je respectai, j'aimai jusqu'à votre misère,
Je n'aurais point aux dieux demandé d'autre père;
Ils m'en donnent un autre, et c'est pour m'outrager.
Je suis fils de Cresphonte, et ne puis le venger.
Je retrouve une mère, un tyran me l'arrache:
Un détestable hymen à ce monstre l'attache.
Je maudis dans vos bras le jour où je suis né:
Je maudis le secours que vous m'avez donné.
Ah! mon père! ah! pourquoi d'une mère égarée
Reteniez-vous tantôt la main désespérée?
Mes malheurs finissaient; mon sort était rempli.

NARBAS.

Ah! vous êtes perdu: le tyran vient ici.

SCÈNE II.

POLYPHONTE, ÉGISTHE, NARBAS,
EURYCLÈS, GARDES.

POLYPHONTE.

(*Narbas et Euryclès s'éloignent un peu.*)
Retirez-vous ; et toi, dont l'aveugle jeunesse
Inspire une pitié qu'on doit à la faiblesse,
Ton roi veut bien encor, pour la dernière fois,
Permettre à tes destins de changer à ton choix.
Le présent, l'avenir, et jusqu'à ta naissance,
Tout ton être, en un mot, est dans ma dépendance.
Je puis au plus haut rang d'un seul mot t'élever,
Te laisser dans les fers, te perdre ou te sauver.
Élevé loin des cours et sans expérience,
Laisse-moi gouverner ta farouche imprudence.
Crois-moi, n'affecte point, dans ton sort abattu,
Cet orgueil dangereux que tu prends pour vertu.
Si dans un rang obscur le destin t'a fait naître,
Conforme à ton état, sois humble avec ton maître.
Si le hasard heureux t'a fait naître d'un roi,
Rends-toi digne de l'être en servant près de moi.
Une reine en ces lieux te donne un grand exemple ;
Elle a suivi mes lois, et marche vers le temple.
Suis ses pas et les miens ; viens au pied de l'autel
Me jurer à genoux un hommage éternel.
Puisque tu crains les dieux, atteste leur puissance,
Prends-les tous à témoin de ton obéissance.

La porte des grandeurs est ouverte pour toi.
Un refus te perdra; choisis, et réponds-moi.
ÉGISTHE.
Tu me vois désarmé, comment puis-je répondre ?
Tes discours, je l'avoue, ont de quoi me confondre ;
Mais rends-moi seulement ce glaive que tu crains,
Ce fer que ta prudence écarte de mes mains :
Je répondrai pour lors, et tu pourras connaitre
Qui de nous deux, perfide, est l'esclave ou le maître ;
Si c'est à Polyphonte à régler mes destins,
Et si le fils des rois punit les assassins.
POLYPHONTE.
Faible et fier ennemi, ma bonté t'encourage :
Tu me crois assez grand pour oublier l'outrage,
Pour ne m'avilir pas jusqu'à punir en toi
Un esclave inconnu qui s'attaque à son roi.
Eh bien ! cette bonté, qui s'indigne et se lasse,
Te donne un seul moment pour obtenir ta grâce.
Je t'attends aux autels, et tu peux y venir :
Viens recevoir la mort, ou jurer d'obéir.
Gardes, auprès de moi vous pourrez l'introduire ;
Qu'aucun autre ne sorte, et n'ose le conduire.
Vous, Narbas, Euryclès, je le laisse en vos mains.
Tremblez ; vous répondrez de ses caprices vains.
Je connais votre haine, et j'en sais l'impuissance ;
Mais je me fie au moins à votre expérience.
Qu'il soit né de Mérope, ou qu'il soit votre fils,
D'un conseil imprudent sa mort sera le prix.

SCÈNE III.

ÉGISTHE, NARBAS, EURYCLÈS.

ÉGISTHE.

Ah ! je n'en recevrai que du sang qui m'anime.
Hercule ! instruis mon bras à me venger du crime ;
Éclaire mon esprit, du sein des immortels !
Polyphonte m'appelle au pied de tes autels ;
Et j'y cours.

NARBAS.

Ah ! mon prince, êtes-vous las de vivre ?

EURYCLÈS.

Dans ce péril du moins si nous pouvions vous suivre !
Mais laissez-nous le temps d'éveiller un parti,
Qui, tout faible qu'il est, n'est point anéanti.
Souffrez...

ÉGISTHE.

En d'autres temps mon courage tranquille
Au frein de vos leçons serait souple et docile ;
Je vous croirais tous deux : mais dans un tel malheur,
Il ne faut consulter que le Ciel et son cœur.
Qui ne peut se résoudre, aux conseils s'abandonne ;
Mais le sang des héros ne croit ici personne.
Le sort en est jeté... Ciel ! qu'est-ce que je vois !
Mérope !

SCÈNE IV.

MÉROPE, ÉGISTHE, NARBAS, EURYCLÈS,
SUITE.

MÉROPE.

Le tyran m'ose envoyer vers toi :
Ne crois pas que je vive après cet hyménée ;
Mais cette honte horrible où je suis entraînée,
Je la subis pour toi ; je me fais cet effort :
Fais-toi celui de vivre, et commande à ton sort.
Cher objet des terreurs dont mon âme est atteinte,
Toi pour qui je connus et la honte et la crainte,
Fils des rois et des dieux, mon fils, il faut servir.
Pour savoir se venger il faut savoir souffrir.
Je sens que ma faiblesse et t'indigne et t'outrage ;
Je t'en aime encor plus, et je crains davantage.
Mon fils...

ÉGISTHE.

Osez me suivre.

MÉROPE.

Arrête. Que fais-tu ?
Dieux ! je me plains à vous de son trop de vertu.

ÉGISTHE.

Voyez-vous en ces lieux le tombeau de mon père ?
Entendez-vous sa voix ? Êtes-vous reine et mère ?
Si vous l'êtes, venez.

MÉROPE.

Il semble que le Ciel

T'élève en ce moment au-dessus d'un mortel.
Je respecte mon sang; je vois le sang d'Alcide;
Ah! parle: remplis-moi de ce dieu qui te guide.
Il te presse, il t'inspire. O mon fils! mon cher fils!
Achève, et rends la force à mes faibles esprits.

ÉGISTHE.

Auriez-vous des amis dans ce temple funeste?

MÉROPE.

J'en eus quand j'étais reine, et le peu qui m'en reste
Sous un joug étranger baisse un front abattu;
Le poids de mes malheurs accable leur vertu:
Polyphonte est haï; mais c'est lui qu'on couronne:
On m'aime et l'on me fuit.

ÉGISTHE.

Quoi! tout vous abandonne!
Ce monstre est à l'autel?

MÉROPE.

Il m'attend.

EGISTHE.

Ses soldats
A cet autel horrible accompagnent ses pas?

MÉROPE.

Non: la porte est livrée à leur troupe cruelle;
Il est environné de la foule infidèle,
Des mêmes courtisans que j'ai vus autrefois
S'empresser à ma suite, et ramper sous mes lois.
Et moi, de tous les siens à l'autel entourée,
De ces lieux à toi seul je puis ouvrir l'entrée.

ÉGISTHE.

Seul, je vous y suivrai ; j'y trouverai des dieux
Qui punissent le meurtre, et qui sont mes aïeux.

MÉROPE.

Ils t'ont trahi quinze ans.

ÉGISTHE.

Ils m'éprouvaient, sans doute.

MÉROPE.

Eh ! quel est ton dessein ?

ÉGISTHE.

Marchons, quoi qu'il en coûte.
Adieu, tristes amis ; vous connaîtrez du moins
Que le fils de Mérope a mérité vos soins.
(*à Narbas, en l'embrassant.*)
Tu ne rougiras point, crois-moi, de ton ouvrage ;
Au sang qui m'a formé tu rendras témoignage.

SCÈNE V.

NARBAS, EURYCLÈS.

NARBAS.

Que va-t-il faire ? Hélas ! tous mes soins sont trahis ;
Les habiles tyrans ne sont jamais punis.
J'espérais que du temps la main tardive et sûre
Justifierait les dieux en vengeant leur injure ;
Qu'Égisthe reprendrait son empire usurpé :
Mais le crime l'emporte, et je meurs détrompé.
Égisthe va se perdre à force de courage :
Il désobéira ; la mort est son partage.

EURYCLÈS.
Entendez-vous ces cris dans les airs élancés?

NARBAS.
C'est le signal du crime.

EURYCLÈS.
Écoutons.

NARBAS.
Frémissez.

EURYCLÈS.
Sans doute qu'au moment d'épouser Polyphonte
La reine en expirant a prévenu sa honte :
Tel était son dessein dans son mortel ennui.

NARBAS.
Ah! son fils n'est donc plus! Elle eût vécu pour lui.

EURYCLÈS.
Le bruit croît, il redouble, il vient comme un tonnerre
Qui s'approche en grondant, et qui fond sur la terre.

NARBAS.
J'entends de tous côtés les cris des combattans,
Les sons de la trompette, et les voix des mourans;
Du palais de Mérope on enfonce la porte.

EURYCLÈS.
Ah! ne voyez-vous pas cette cruelle escorte,
Qui court, qui se dissipe, et qui va loin de nous?

NARBAS.
Va-t-elle du tyran servir l'affreux courroux?

EURYCLÈS.
Autant que mes regards au loin peuvent s'étendre,

On se mêle, on combat.
NARBAS.
Quel sang va-t-on répandre?
De Mérope et du roi le nom remplit les airs.
EURYCLÈS.
Grâces aux immortels! les chemins sont ouverts.
Allons voir à l'instant s'il faut mourir ou vivre.

(Il sort.)
NARBAS.
Allons. D'un pas égal que ne puis-je vous suivre!
O dieux! rendez la force à ces bras énervés,
Pour le sang de mes rois autrefois éprouvés;
Que je donne du moins les restes de ma vie.
Hâtons-nous.

SCÈNE VI.
NARBAS, ISMÉNIE, PEUPLE.
NARBAS.
Quel spectacle! Est-ce vous, Isménie?
Sanglante, inanimée, est-ce vous que je vois?
ISMÉNIE.
Ah! laissez-moi reprendre et la vie et la voix.
NARBAS.
Mon fils est-il vivant? Que devient notre reine?
ISMÉNIE.
De mon saisissement je reviens avec peine;
Par les flots de ce peuple entraînée en ces lieux...
NARBAS.
Que fait Égisthe?

MÉROPE.

ISMÉNIE.

Il est... le digne fils des dieux :
Égisthe! Il a frappé le coup le plus terrible.
Non, d'Alcide jamais la valeur invincible
N'a d'un exploit si rare étonné les humains.

NARBAS.

O mon fils! ô mon roi, qu'ont élevé mes mains!

ISMÉNIE.

La victime était prête, et de fleurs couronnée;
L'autel étincelait des flambeaux d'hyménée;
Polyphonte, l'œil fixe, et d'un front inhumain,
Présentait à Mérope une odieuse main;
Le prêtre prononçait les paroles sacrées;
Et la reine, au milieu des femmes éplorées,
S'avançant tristement, tremblante entre mes bras,
Au lieu de l'hyménée invoquait le trépas;
Le peuple observait tout dans un profond silence.
Dans l'enceinte sacrée en ce moment s'avance
Un jeune homme, un héros, semblable aux immortels :
Il court; c'était Égisthe; il s'élance aux autels;
Il monte, il y saisit d'une main assurée
Pour les fêtes des dieux la hache préparée.
Les éclairs sont moins prompts; je l'ai vu de mes yeux,
Je l'ai vu qui frappait ce monstre audacieux.
Meurs, tyran, disait-il; dieux, prenez vos victimes.
Érox, qui de son maître a servi tous les crimes,
Érox, qui dans son sang voit ce monstre nager,
Lève une main hardie, et pense le venger.
Égisthe se retourne, enflammé de furie;

A côté de son maître il le jette sans vie.
Le tyran se relève : il blesse le héros ;
De leur sang confondu j'ai vu couler les flots.
Déjà la garde accourt avec des cris de rage.
Sa mère... Ah! que l'amour inspire de courage!
Quel transport animait ses efforts et ses pas!
Sa mère... Elle s'élance au milieu des soldats.
C'est mon fils, arrêtez, cessez, troupe inhumaine;
C'est mon fils ; déchirez sa mère, et votre reine,
Ce sein qui l'a nourri, ces flancs qui l'ont porté.
A ces cris douloureux le peuple est agité;
Une foule d'amis, que son danger excite,
Entre elle et ces soldats vole et se précipite.
Vous eussiez vu soudain les autels renversés,
Dans des ruisseaux de sang leurs débris dispersés;
Les enfans écrasés dans les bras de leurs mères;
Les frères méconnus immolés par leurs frères;
Soldats, prêtres, amis, l'un sur l'autre expirans;
On marche, on est porté sur les corps des mourans;
On veut fuir, on revient ; et la foule pressée
D'un bout du temple à l'autre est vingt fois repoussée.
De ces flots confondus le flux impétueux
Roule, et dérobe Égisthe et la reine à mes yeux.
Parmi les combattans je vole ensanglantée;
J'interroge à grands cris la foule épouvantée.
Tout ce qu'on me répond redouble mon horreur.
On s'écrie : Il est mort, il tombe, il est vainqueur.
Je cours, je me consume, et le peuple m'entraîne,
Me jette en ce palais, éplorée, incertaine,

Au milieu des mourans, des morts, et des débris.
Venez, suivez mes pas, joignez-vous à mes cris :
Venez. J'ignore encor si la reine est sauvée,
Si de son digne fils la vie est conservée,
Si le tyran n'est plus. Le trouble, la terreur,
Tout ce désordre horrible est encor dans mon cœur.

NARBAS.

Arbitre des humains, divine Providence,
Achève ton ouvrage, et soutiens l'innocence :
A nos malheurs passés mesure tes bienfaits ;
O Ciel, conserve Égisthe, et que je meure en paix !
Ah! parmi ces soldats ne vois-je point la reine ?

SCÈNE VII.

MÉROPE, ISMÉNIE, NARBAS, PEUPLE, SOLDATS.

(On voit dans le fond du théâtre le corps de Polyphonte couvert d'une robe sanglante.)

MÉROPE.

Guerriers, prêtres, amis, citoyens de Messène,
Au nom des dieux vengeurs, peuples, écoutez-moi.
Je vous le jure encore, Égisthe est votre roi :
Il a puni le crime, il a vengé son père.
Celui que vous voyez traîné sur la poussière,
C'est un monstre ennemi des dieux et des humains,
Dans le sein de Cresphonte il enfonça ses mains.
Cresphonte, mon époux, mon appui, votre maître,

ACTE V, SCÈNE VII.

Mes deux fils sont tombés sous les coups de ce traître.
Il opprimait Messène, il usurpait mon rang;
Il m'offrait une main fumante de mon sang.
(*en courant vers Egisthe, qui arrive la hache à la main.*)
Celui que vous voyez, vainqueur de Polyphonte,
C'est le fils de vos rois; c'est le sang de Cresphonte;
C'est le mien, c'est le seul qui reste à ma douleur.
Quels témoins voulez-vous plus certains que mon cœur?
Regardez ce vieillard; c'est lui dont la prudence
Aux mains de Polyphonte arracha son enfance.
Les dieux ont fait le reste.

NARBAS.

Oui, j'atteste ces dieux
Que c'est là votre roi qui combattait pour eux.

ÉGISTHE.

Amis, pouvez-vous bien méconnaître une mère?
Un fils qu'elle défend? un fils qui venge un père?
Un roi vengeur du crime?

MÉROPE.

Et si vous en doutez,
Reconnaissez mon fils aux coups qu'il a portés,
A votre délivrance, à son âme intrépide.
Eh! quel autre jamais qu'un descendant d'Alcide,
Nourri dans la misère, à peine en son printemps,
Eût pu venger Messène et punir les tyrans?
Il soutiendra son peuple, il vengera la terre.
Écoutez : le Ciel parle; entendez son tonnerre.

Sa voix qui se déclare et se joint à mes cris,
Sa voix rend témoignage, et dit qu'il est mon fils.

SCÈNE VIII.

MÉROPE, ÉGISTHE, ISMÉNIE, NARBAS, EURYCLÈS, PEUPLE.

EURYCLÈS.

Ah! montrez-vous, Madame, à la ville calmée:
Du retour de son roi la nouvelle semée,
Volant de bouche en bouche, a changé les esprits.
Nos amis ont parlé; les cœurs sont attendris:
Le peuple impatient verse des pleurs de joie;
Il adore le roi que le Ciel lui renvoie,
Il bénit votre fils, il bénit votre amour:
Il consacre à jamais ce redoutable jour.
Chacun veut contempler son auguste visage;
On veut revoir Narbas: on veut vous rendre hommage.
Le nom de Polyphonte est partout abhorré;
Celui de votre fils, le vôtre est adoré.
O roi! venez jouir du prix de la victoire;
Ce prix est notre amour, il vaut mieux que la gloire.

ÉGISTHE.

Elle n'est point à moi; cette gloire est aux dieux:
Ainsi que le bonheur, la vertu nous vient d'eux.
Allons monter au trône, en y plaçant ma mère;
Et vous, mon cher Narbas, soyez toujours mon père.

FIN DE MÉROPE.

LA
MORT DE CÉSAR,
TRAGÉDIE.

PERSONNAGES.

JULES-CÉSAR, dictateur.
MARC-ANTOINE, consul.
JUNIUS-BRUTUS, préteur.
CASSIUS,
CIMBER,
DÉCIME,   } sénateurs.
DOLABELLA,
CASCA,
LES ROMAINS.
LICTEURS.

(La scène est à Rome, au Capitole.)

LA MORT DE CÉSAR,

TRAGÉDIE.

ACTE PREMIER.

SCÈNE PREMIÈRE.

CÉSAR, ANTOINE.

ANTOINE.

César, tu vas régner; voici le jour auguste
Où le peuple romain, pour toi toujours injuste,
Changé par tes vertus, va reconnaître en toi
Son vainqueur, son appui, son vengeur, et son roi.
Antoine, tu le sais, ne connaît point l'envie :
J'ai chéri plus que toi la gloire de ta vie;
J'ai préparé la chaîne où tu mets les Romains,
Content d'être sous toi le second des humains;
Plus fier de t'attacher ce nouveau diadème,
Plus grand de te servir, que de régner moi-même.
Quoi! tu ne me réponds que par de longs soupirs!
Ta grandeur fait ma joie, et fait tes déplaisirs!
Roi de Rome et du monde, est-ce à toi de te plaindre?

César peut-il gémir, ou César peut-il craindre?
Qui peut à ta grande âme inspirer la terreur?
CÉSAR.
L'amitié, cher Antoine : il faut t'ouvrir mon cœur.
Tu sais que je te quitte, et le destin m'ordonne
De porter nos drapeaux aux champs de Babylone :
Je pars, et vais venger sur le Parthe inhumain
La honte de Crassus et du peuple romain.
L'aigle des légions, que je retiens encore,
Demande à s'envoler vers les mers du Bosphore;
Et mes braves soldats n'attendent pour signal
Que de revoir mon front ceint du bandeau royal.
Peut-être avec raison César peut entreprendre
D'attaquer un pays qu'a soumis Alexandre;
Peut-être les Gaulois, Pompée et les Romains,
Valent bien les Persans subjugués par ses mains :
J'ose au moins le penser; et ton ami se flatte
Que le vainqueur du Rhin peut l'être de l'Euphrate.
Mais cet espoir m'anime et ne m'aveugle pas :
Le sort peut se lasser de marcher sur mes pas;
La plus haute sagesse en est souvent trompée;
Il peut quitter César, ayant trahi Pompée;
Et dans les factions, comme dans les combats,
Du triomphe à la chute il n'est souvent qu'un pas.
J'ai servi, commandé, vaincu quarante années;
Du monde entre mes mains j'ai vu les destinées,
Et j'ai toujours connu qu'en chaque événement
Le destin des états dépendait d'un moment.
Quoi qu'il puisse arriver, mon cœur n'a rien à craindre;

Je vaincrai sans orgueil, ou mourrai sans me plaindre.
Mais j'exige, en partant, de ta tendre amitié
Qu'Antoine à mes enfans soit pour jamais lié;
Que Rome par mes mains défendue et conquise,
Que la terre à mes fils, comme à toi, soit soumise;
Et qu'emportant d'ici le grand titre de roi,
Mon sang et mon ami le prennent après moi.
Je te laisse aujourd'hui ma volonté dernière;
Antoine, à mes enfans il faut servir de père.
Je ne veux point de toi demander des sermens,
De la foi des humains sacrés et vains garans;
Ta promesse suffit, et je la crois plus pure
Que les autels des dieux, entourés du parjure.

ANTOINE.

C'est déjà pour Antoine une assez dure loi
Que tu cherches la guerre et le trépas sans moi,
Et que ton intérêt m'attache à l'Italie,
Quand la gloire t'appelle aux bornes de l'Asie;
Je m'afflige encor plus de voir que ton grand cœur
Doute de sa fortune, et présage un malheur:
Mais je ne comprends point ta bonté qui m'outrage.
César, que me dis-tu de tes fils, de partage?
Tu n'as de fils qu'Octave, et nulle adoption
N'a d'un autre César appuyé ta maison.

CÉSAR.

Il n'est plus temps, ami, de cacher l'amertume
Dont mon cœur paternel en secret se consume :
Octave n'est mon sang qu'à la faveur des lois;
Je l'ai nommé César, il est fils de mon choix :

Le destin (dois-je dire, ou propice, ou sévère?)
D'un véritable fils en effet m'a fait père ;
D'un fils que je chéris, mais qui, pour mon malheur,
A ma tendre amitié répond avec horreur.

ANTOINE.

Et quel est cet enfant? quel ingrat peut-il être,
Si peu digne du sang dont les dieux l'ont fait naître?

CÉSAR.

Écoute : tu connais ce malheureux Brutus,
Dont Caton cultiva les farouches vertus ;
De nos antiques lois ce défenseur austère ;
Ce rigide ennemi du pouvoir arbitraire,
Qui, toujours contre moi les armes à la main,
De tous nos ennemis a suivi le destin,
Qui fut mon prisonnier au champ de Thessalie,
A qui j'ai malgré lui sauvé deux fois la vie,
Né, nourri loin de moi chez mes fiers ennemis....

ANTOINE.

Brutus ! il se pourrait...

CÉSAR.

Ne m'en crois pas, tiens, lis.

ANTOINE.

Dieux ! la sœur de Caton, la fière Servilie !

CÉSAR.

Par un hymen secret elle me fut unie.
Ce farouche Caton, dans nos premiers débats,
La fit presque à mes yeux passer en d'autres bras :
Mais le jour qui forma ce second hyménée
De son nouvel époux trancha la destinée.

ACTE I, SCÈNE I.

Sous le nom de Brutus mon fils fut élevé :
Pour me haïr, ô Ciel! était-il réservé?
Mais lis; tu sauras tout par cet écrit funeste.

ANTOINE *lit.*

« César, je vais mourir. La colère céleste
« Va finir à la fois ma vie et mon amour.
« Souviens-toi qu'à Brutus César donna le jour.
« Adieu : puisse ce fils éprouver pour son père
« L'amitié qu'en mourant te conservait sa mère!

« SERVILIE. »

Quoi! faut-il que du sort la tyrannique loi,
César, te donne un fils si peu semblable à toi?

CÉSAR.

Il a d'autres vertus; son superbe courage
Flatte en secret le mien, même alors qu'il l'outrage;
Il m'irrite, il me plaît; son cœur indépendant
Sur mes sens étonnés prend un fier ascendant.
Sa fermeté m'impose, et je l'excuse même
De condamner en moi l'autorité suprême :
Soit qu'étant homme et père, un charme séducteur,
L'excusant à mes yeux, me trompe en sa faveur;
Soit qu'étant né Romain, la voix de ma patrie
Me parle, malgré moi, contre ma tyrannie,
Et que la liberté, que je viens d'opprimer,
Plus forte encor que moi, me condamne à l'aimer.
Te dirai-je encor plus? si Brutus me doit l'être,
S'il est fils de César, il doit haïr un maître :
J'ai pensé comme lui dès mes plus jeunes ans;
J'ai détesté Sylla, j'ai haï les tyrans.

J'eusse été citoyen, si l'orgueilleux Pompée
N'eût voulu m'opprimer sous sa gloire usurpée.
Né fier, ambitieux, mais né pour les vertus,
Si je n'étais César, j'aurais été Brutus.
   Tout homme à son état doit plier son courage.
Brutus tiendra bientôt un différent langage,
Quand il aura connu de quel sang il est né.
Crois-moi, le diadème à son front destiné
Adoucira dans lui sa rudesse importune ;
Il changera de mœurs en changeant de fortune.
La nature, le sang, mes bienfaits, tes avis,
Le devoir, l'intérêt, tout me rendra mon fils.

ANTOINE.

J'en doute. Je connais sa fermeté farouche :
La secte dont il est n'admet rien qui la touche ;
Cette secte intraitable, et qui fait vanité
D'endurcir les esprits contre l'humanité,
Qui dompte et foule aux pieds la nature irritée,
Parle seule à Brutus, et seule est écoutée.
Ces préjugés affreux, qu'ils appellent devoir,
Ont sur ces cœurs de bronze un absolu pouvoir.
Caton même, Caton, ce malheureux stoïque,
Ce héros forcené, la victime d'Utique,
Qui, fuyant un pardon qui l'eût humilié,
Préféra la mort même à ta tendre amitié ;
Caton fut moins altier, moins dur, et moins à craindre
Que l'ingrat qu'à t'aimer ta bonté veut contraindre.

CÉSAR.

Cher ami, de quels coups tu viens de me frapper !

Que m'as-tu dit ?

ANTOINE.

Je t'aime, et ne puis te tromper.

CÉSAR.

Le temps amollit tout.

ANTOINE.

Mon cœur en désespère.

CÉSAR.

Quoi ! sa haine..!

ANTOINE.

Crois-moi.

CÉSAR.

N'importe, je suis père.
J'ai chéri, j'ai sauvé mes plus grands ennemis :
Je veux me faire aimer de Rome et de mon fils;
Et, conquérant des cœurs vaincus par ma clémence,
Voir la terre et Brutus adorer ma puissance.
C'est à toi de m'aider dans de si grands desseins :
Tu m'as prêté ton bras pour dompter les humains,
Dompte aujourd'hui Brutus; adoucis son courage;
Prépare par degrés cette vertu sauvage
Au secret important qu'il lui faut révéler,
Et dont mon cœur encore hésite à lui parler.

ANTOINE.

Je ferai tout pour toi; mais j'ai peu d'espérance.

SCÈNE II.

CÉSAR, ANTOINE, DOLABELLA.

DOLABELLA.

César, les sénateurs attendent audience;
A ton ordre suprême ils se rendent ici.

CÉSAR.

Ils ont tardé long-temps... Qu'ils entrent.

ANTOINE.

Les voici.
Que je lis sur leur front de dépit et de haine.

SCÈNE III.

CÉSAR, ANTOINE, BRUTUS, CASSIUS, CIMBER, DÉCIME, CINNA, CASCA, etc. LICTEURS.

CÉSAR, *assis*.

Venez, dignes soutiens de la grandeur romaine,
Compagnons de César. Approchez, Cassius,
Cimber, Cinna, Décime, et toi, mon cher Brutus.
Enfin voici le temps, si le Ciel me seconde,
Où je vais achever la conquête du monde,
Et voir dans l'Orient le trône de Cyrus
Satisfaire, en tombant, aux mânes de Crassus.
Il est temps d'ajouter, par le droit de la guerre,
Ce qui manque aux Romains des trois parts de la terre:
Tout est prêt, tout prévu pour ce vaste dessein;
L'Euphrate attend César, et je pars dès demain.

Brutus et Cassius me suivront en Asie;
Antoine retiendra la Gaule et l'Italie;
De la mer Atlantique, et des bords du Bétis,
Cimber gouvernera les rois assujettis.
Je donne à Marcellus la Grèce et la Lycie,
A Décime le Pont, à Casca la Syrie.
Ayant ainsi réglé le sort des nations,
Et laissant Rome heureuse et sans divisions,
Il ne reste au sénat qu'à juger sous quel titre
De Rome et des humains je dois être l'arbitre.
Sylla fut honoré du nom de dictateur,
Marius fut consul, et Pompée empereur.
J'ai vaincu ce dernier, et c'est assez vous dire
Qu'il faut un nouveau nom pour un nouvel empire,
Un nom plus grand, plus saint, moins sujet aux revers,
Autrefois craint dans Rome, et cher à l'univers.
Un bruit trop confirmé se répand sur la terre
Qu'en vain Rome aux Persans ose faire la guerre;
Qu'un roi seul peut les vaincre et leur donner la loi
César va l'entreprendre, et César n'est pas roi;
Il n'est qu'un citoyen connu par ses services,
Qui peut du peuple encore essuyer les caprices...
Romains, vous m'entendez, vous savez mon espoir;
Songez à mes bienfaits, songez à mon pouvoir.

CIMBER.

César, il faut parler. Ces sceptres, ces couronnes,
Ce fruit de nos travaux, l'univers que tu donnes
Seraient aux yeux du peuple, et du sénat jaloux,
Un outrage à l'état, plus qu'un bienfait pour nous.

Marius, ni Sylla, ni Carbon, ni Pompée,
Dans leur autorité sur le peuple usurpée,
N'ont jamais prétendu disposer à leur choix
Des conquêtes de Rome, et nous parler en rois.
César, nous attendions de ta clémence auguste
Un don plus précieux, une faveur plus juste,
Au-dessus des états donnés par ta bonté....

CÉSAR.

Qu'oses-tu demander, Cimber?

CIMBER.

La liberté.

CASSIUS.

Tu nous l'avais promise, et tu juras toi-même
D'abolir pour jamais l'autorité suprême;
Et je croyais toucher à ce moment heureux
Où le vainqueur du monde allait combler nos vœux.
Fumante de son sang, captive, désolée,
Rome dans cet espoir renaissait consolée.
Avant que d'être à toi nous sommes ses enfans :
Je songe à ton pouvoir; mais songe à tes sermens.

BRUTUS.

Oui, que César soit grand; mais que Rome soit libre.
Dieu! maîtresse de l'Inde, esclave au bord du Tibre!
Qu'importe que son nom commande à l'univers,
Et qu'on l'appelle reine, alors qu'elle est aux fers?
Qu'importe à ma patrie, aux Romains que tu braves,
D'apprendre que César a de nouveaux esclaves?
Les Persans ne sont pas nos plus fiers ennemis;
Il en est de plus grands. Je n'ai point d'autre avis.

ACTE I, SCÈNE III.

CÉSAR.

Et toi, Brutus, aussi!

ANTOINE, *à César.*

Tu connais leur audace;
Vois si ces cœurs ingrats sont dignes de leur grâce.

CÉSAR.

Ainsi vous voulez donc, dans vos témérités,
Tenter ma patience et lasser mes bontés,
Vous, qui m'appartenez par le droit de l'épée,
Rampans sous Marius, esclaves sous Pompée,
Vous, qui ne respirez qu'autant que mon courroux,
Retenu trop long-temps, s'est arrêté sur vous :
Républicains ingrats, qu'enhardit ma clémence,
Vous, qui devant Sylla garderiez le silence;
Vous, que ma bonté seule invite à m'outrager,
Sans craindre que César s'abaisse à se venger.
Voilà ce qui vous donne une âme assez hardie
Pour oser me parler de Rome et de patrie,
Pour affecter ici cette illustre hauteur
Et ces grands sentimens devant votre vainqueur;
Il les fallait avoir aux plaines de Pharsale.
La fortune entre nous devient trop inégale;
Si vous n'avez su vaincre, apprenez à servir.

BRUTUS.

César, aucun de nous n'apprendra qu'à mourir.
Nul ne m'en désavoue, et nul, en Thessalie,
N'abaissa son courage à demander la vie.
Tu nous laissas le jour, mais pour nous avilir;
Et nous le détestons, s'il te faut obéir.

César, qu'à ta colère aucun de nous n'échappe ;
Commence ici par moi : si tu veux régner, frappe.
CÉSAR.
(*Les sénateurs sortent.*)
Écoute.... et vous sortez. Brutus m'ose offenser !
Mais sais-tu de quels traits tu viens de me percer ?
Va, César est bien loin d'en vouloir à ta vie :
Laisse là du sénat l'indiscrète furie ;
Demeure, c'est toi seul qui peux me désarmer ;
Demeure, c'est toi seul que César veut aimer.
BRUTUS.
Tout mon sang est à toi, si tu tiens ta promesse,
Si tu n'es qu'un tyran, j'abhorre ta tendresse ;
Et je ne peux rester avec Antoine et toi,
Puisqu'il n'est plus Romain, et qu'il demande un roi.

SCÈNE IV.
CÉSAR, ANTOINE.
ANTOINE.
Eh bien ! t'ai-je trompé ? Crois-tu que la nature
Puisse amollir une âme et si fière et si dure ?
Laisse, laisse à jamais dans son obscurité
Ce secret malheureux qui pèse à ta bonté.
Que de Rome, s'il veut, il déplore la chute,
Mais qu'il ignore au moins quel sang il persécute.
Il ne mérite pas de te devoir le jour :
Ingrat à tes bontés, ingrat à ton amour,
Renonce-le pour fils.

ACTE I, SCÈNE IV.

CÉSAR.
Je ne le puis ; je l'aime.
ANTOINE.
Ah ! cesse donc d'aimer l'éclat du diadème !
Descends donc de ce rang où je te vois monté :
La bonté convient mal à ton autorité ;
De ta grandeur naissante elle détruit l'ouvrage.
Quoi ! Rome est sous tes lois, et Cassius t'outrage !
Quoi, Cimber, quoi, Cinna, ces obscurs sénateurs,
Aux yeux du roi du monde affectent ces hauteurs !
Ils bravent ta puissance, et ces vaincus respirent !
CÉSAR.
Ils sont nés mes égaux ; mes armes les vainquirent ;
Et, trop au-dessus d'eux, je leur puis pardonner
De frémir sous le joug que je veux leur donner.
ANTOINE.
Marius de leur sang eût été moins avare ;
Sylla les eût punis.
CÉSAR.
Sylla fut un barbare ;
Il n'a su qu'opprimer ; le meurtre et la fureur
Faisaient sa politique ainsi que sa grandeur :
Il a gouverné Rome au milieu des supplices ;
Il en était l'effroi ; j'en serai les délices.
Je sais quel est le peuple ; on le change en un jour ;
Il prodigue aisément sa haine et son amour ;
Si ma grandeur l'aigrit, ma clémence l'attire :
Un pardon politique à qui ne peut me nuire,
Dans mes chaînes qu'il porte un air de liberté,

Ont ramené vers moi sa faible volonté.
Il faut couvrir de fleurs l'abîme où je l'entraîne,
Flatter encor ce tigre à l'instant qu'on l'enchaîne,
Lui plaire en l'accablant, l'asservir, le charmer,
Et punir mes rivaux en me faisant aimer.

ANTOINE.

Il faudrait être craint; c'est ainsi que l'on règne.

CÉSAR.

Va, ce n'est qu'aux combats que je veux qu'on me craigne.

ANTOINE.

Le peuple abusera de ta facilité.

CÉSAR.

Le peuple a jusqu'ici consacré ma bonté :
Vois ce temple que Rome élève à la clémence.

ANTOINE.

Crains qu'elle n'en élève un autre à la vengeance;
Crains des cœurs ulcérés, nourris de désespoir,
Idolâtres de Rome, et cruels par devoir.
Cassius alarmé prévoit qu'en ce jour même
Ma main doit sur ton front mettre le diadème :
Déjà même à tes yeux on ose en murmurer.
Des plus impétueux tu devrais t'assurer ;
A prévenir leurs coups daigne au moins te contraindre.

CÉSAR.

Je les aurais punis, si je les pouvais craindre.
Ne me conseille point de me faire haïr.

Je sais combattre, vaincre, et ne sais point punir.
Allons ; et, n'écoutant ni soupçon ni vengeance,
Sur l'univers soumis régnons sans violence.

FIN DU PREMIER ACTE.

ACTE II.

SCÈNE PREMIÈRE.

BRUTUS, ANTOINE, DOLABELLA.

ANTOINE.

Ce superbe refus, cette animosité,
Marquent moins de vertu que de férocité.
Les bontés de César, et surtout sa puissance,
Méritaient plus d'égards et plus de complaisance :
A lui parler du moins vous pourriez consentir.
Vous ne connaissez pas qui vous osez haïr ;
Et vous en frémiriez si vous pouviez apprendre....

BRUTUS.

Ah, je frémis déjà ! mais c'est de vous entendre.
Ennemi des Romains que vous avez vendus,
Pensez-vous ou tromper ou corrompre Brutus ?
Allez ramper sans moi sous la main qui vous brave :
Je sais tous vos desseins, vous brûlez d'être esclave,
Vous voulez un monarque, et vous êtes Romain !

ANTOINE.

Je suis ami, Brutus, et porte un cœur humain :

Je ne recherche point une vertu plus rare.
Tu veux être un héros, va, tu n'es qu'un barbare;
Et ton farouche orgueil, que rien ne peut fléchir,
Embrasse la vertu pour la faire haïr.

SCÈNE II.

BRUTUS.

Quelle bassesse, ô Ciel! et quelle ignominie!
Voilà donc les soutiens de ma triste patrie!
Voilà vos successeurs, Horace, Décius,
Et toi, vengeur des lois, toi, mon sang, toi, Brutus,
Quels restes, justes dieux! de la grandeur romaine!
Chacun baise en tremblant la main qui nous enchaîne.
César nous a ravi jusques à nos vertus,
Et je cherche ici Rome, et ne la trouve plus.
Vous que j'ai vus périr, vous, immortels courages!
Héros dont en pleurant j'aperçois les images,
Famille de Pompée, et toi, divin Caton,
Toi, dernier des héros du sang de Scipion,
Vous ranimez en moi ces vives étincelles
Des vertus dont brillaient vos âmes immortelles.
Vous vivez dans Brutus; vous mettez dans mon sein
Tout l'honneur qu'un tyran ravit au nom romain.
Que vois-je, grand Pompée, au pied de ta statue?
Quel billet sous mon nom se présente à ma vue?
Lisons: *Tu dors, Brutus, et Rome est dans les fers!*
Rome, mes yeux sur toi seront toujours ouverts;
Ne me reproche point des chaînes que j'abhorre.

Mais quel autre billet à mes yeux s'offre encore ?
Non, tu n'es pas Brutus! Ah ! reproche cruel !
César ! tremble, tyran ! voilà ton coup mortel.
Non, tu n'es pas Brutus! Je le suis, je veux l'être ;
Je périrai, Romains, ou vous serez sans maître ;
Je vois que Rome encore a des cœurs vertueux :
On demande un vengeur ; on a sur moi les yeux ;
On excite cette âme, et cette main trop lente ;
On demande du sang... Rome sera contente.

SCÈNE III.

BRUTUS, CASSIUS, CINNA, CASCA, DÉCIME.
SUITE.

CASSIUS.

Je t'embrasse, Brutus, pour la dernière fois.
Amis, il faut tomber sous les débris des lois.
De César désormais je n'attends plus de grâce :
Il sait mes sentimens, il connaît notre audace.
Notre âme incorruptible étonne ses desseins ;
Il va perdre dans nous les derniers des Romains.
C'en est fait, mes amis, il n'est plus de patrie,
Plus d'honneur, plus de lois ; Rome est anéantie ;
De l'univers et d'elle il triomphe aujourd'hui :
Nos imprudens aïeux n'ont vaincu que pour lui ;
Ces dépouilles des rois, ce sceptre de la terre,
Six cents ans de vertus, de travaux et de guerre,
César jouit de tout, et dévore le fruit
Que six siècles de gloire à peine avaient produit.

Ah! Brutus, es-tu né pour servir sous un maître?
La liberté n'est plus..
BRUTUS.
Elle est prête à renaître.
CASSIUS.
Que dis-tu? Mais quel bruit vient frapper mes esprits?
BRUTUS.
Laisse là ce vil peuple et ses indignes cris.
CASSIUS.
La liberté, dis-tu... Mais, quoi!...le bruit redouble.

SCÈNE IV.

BRUTUS, CASSIUS, CIMBER, DÉCIME.

CASSIUS.
Ah, Cimber! est-ce toi? parle, quel est ce trouble?
DÉCIME.
Trame-t-on contre Rome un nouvel attentat?
Qu'a-t-on fait? qu'as-tu vu?
CIMBER.
La honte de l'état.
César était au temple, et cette fière idole
Semblait être le dieu qui tonne au capitole :
C'est là qu'il annonçait son superbe dessein
D'aller joindre la Perse à l'empire romain :
On lui donnait les noms de foudre de la guerre,
De vengeur des Romains, de vainqueur de la terre :
Mais, parmi tant d'éclat, son orgueil imprudent
Voulait un autre titre, et n'était pas content.

Enfin, parmi ces cris et ces chants d'allégresse,
Du peuple qui l'entoure Antoine fend la presse;
Il entre: ô honte! ô crime indigne d'un Romain!
Il entre, la couronne et le sceptre à la main.
On se tait, on frémit: lui, sans que rien l'étonne,
Sur le front de César attache la couronne,
Et soudain devant lui se mettant à genoux:
César, règne, dit-il, sur la terre et sur nous.
Des Romains à ces mots les visages pâlissent;
De leurs cris douloureux les voûtes retentissent:
J'ai vu des citoyens s'enfuir avec horreur;
D'autres rougir de honte et pleurer de douleur.
César, qui cependant lisait sur leur visage
De l'indignation l'éclatant témoignage,
Feignant des sentimens long-temps étudiés,
Jette et sceptre et couronne, et les foule à ses pieds.
Alors tout se croit libre; alors tout est en proie
Au fol enivrement d'une indiscrète joie:
Antoine est alarmé; César feint et rougit:
Plus il cèle son trouble, et plus on l'applaudit.
La modération sert de voile à son crime;
Il affecte à regret un refus magnanime:
Mais, malgré ses efforts, il frémissait tout bas
Qu'on applaudît en lui les vertus qu'il n'a pas.
Enfin, ne pouvant plus retenir sa colère,
Il sort du capitole avec un front sévère;
Il veut que dans une heure on s'assemble au sénat:
Dans une heure, Brutus, César change l'état.
De ce sénat sacré la moitié corrompue,

ACTE IIe, SCÈNE IV.

Ayant acheté Rome, à César l'a vendue :
Plus lâche que ce peuple à qui, dans son malheur,
Le nom de roi du moins fait toujours quelque horreur,
César, déjà trop roi, veut encor la couronne :
Le peuple la refuse, et le sénat la donne.
Que faut-il faire enfin, héros qui m'écoutez ?

CASSIUS.

Mourir, finir des jours dans l'opprobre comptés.
J'ai traîné les liens de mon indigne vie,
Tant qu'un peu d'espérance a flatté ma patrie :
Voici son dernier jour, et du moins Cassius
Ne doit plus respirer lorsque l'état n'est plus.
Pleure qui voudra Rome, et lui reste fidèle ;
Je ne peux la venger, mais j'expire avec elle.
Je vais où sont nos dieux... Pompée et Scipion,
(*en regardant leurs statues.*)
Il est temps de vous suivre, et d'imiter Caton.

BRUTUS.

Non, n'imitons personne, et servons tous d'exemple :
C'est nous, braves amis, que l'univers contemple ;
C'est à nous de répondre à l'admiration
Que Rome en expirant conserve à notre nom.
Si Caton m'avait cru ; plus juste en sa furie,
Sur César expirant il eût perdu la vie ;
Mais il tourna sur soi ses innocentes mains ;
Sa mort fut inutile au bonheur des humains ;
Faisant tout pour la gloire, il ne fit rien pour Rome ;
Et c'est la seule faute où tomba ce grand homme.

CASSIUS.
Que veux-tu donc qu'on fasse en un tel désespoir ?
BRUTUS, *montrant le billet.*
Voilà ce qu'on m'écrit, voilà notre devoir.
CASSIUS.
On m'en écrit autant : j'ai reçu ce reproche.
BRUTUS.
C'est trop le mériter.
CIMBER.
L'heure fatale approche ;
Dans une heure, un tyran détruit le nom romain.
BRUTUS.
Dans une heure, à César il faut percer le sein.
CASSIUS,
Ah! je te reconnais à cette noble audace.
DÉCIME.
Ennemi des tyrans, et digne de ta race,
Voilà les sentimens que j'avais dans mon cœur.
CASSIUS.
Tu me rends à moi-même, et je t'en dois l'honneur ;
C'est là ce qu'attendaient ma haine et ma colère
De la mâle vertu qui fait ton caractère :
C'est Rome qui t'inspire en des desseins si grands ;
Ton nom seul est l'arrêt de la mort des tyrans.
Lavons, mon cher Brutus, l'opprobre de la terre ;
Vengeons ce capitole, au défaut du tonnerre.
Toi, Cimber, toi, Cinna ; vous, Romains indomptés,
Avez-vous une autre âme et d'autres volontés.

ACTE II, SCÈNE IV.

CIMBER.

Nous pensons comme toi, nous méprisons la vie ;
Nous détestons César, nous aimons la patrie ;
Nous la vengerons tous ; Brutus et Cassius
De quiconque est Romain raniment les vertus.

DÉCIME.

Nés juges de l'état, nés les vengeurs du crime,
C'est souffrir trop long-temps la main qui nous opprime ;
Et quand sur un tyran nous suspendons nos coups,
Chaque instant qu'il respire est un crime pour nous.

CIMBER.

Admettons-nous quelque autre à ces honneurs suprêmes?

BRUTUS.

Pour venger la patrie, il suffit de nous-mêmes.
Dolabella, Lépide, Émile, Bibulus,
Ou tremblent sous César, ou bien lui sont vendus.
Cicéron, qui d'un traître a puni l'insolence,
Ne sert la liberté que par son éloquence,
Hardi dans le sénat, faible dans le danger,
Fait pour haranguer Rome, et non pour la venger ;
Laissons à l'orateur qui charme sa patrie
Le soin de nous louer quand nous l'aurons servie.
Non, ce n'est qu'avec vous que je veux partager
Cet immortel honneur et ce pressant danger.
Dans une heure, au sénat le tyran doit se rendre :
Là, je le punirai ; là, je le veux surprendre ;
Là, je veux que ce fer, enfoncé dans son sein,

Venge Caton, Pompée, et le peuple romain.
C'est hasarder beaucoup : ses ardens satellites
Partout du capitole occupent les limites :
Ce peuple mou, volage, et facile à fléchir,
Ne sait s'il doit encor l'aimer ou le haïr.
Notre mort, mes amis, paraît inévitable ;
Mais qu'une telle mort est noble et désirable !
Qu'il est beau de périr dans des desseins si grands,
De voir couler son sang dans le sang des tyrans !
Qu'avec plaisir alors on voit sa dernière heure !
Mourons, braves amis, pourvu que César meure,
Et que la liberté, qu'oppriment ses forfaits,
Renaisse de sa cendre, et revive à jamais.

CASSIUS.

Ne balançons donc plus, courons au capitole :
C'est là qu'il nous opprime, et qu'il faut qu'on l'immole.
Ne craignons rien du peuple, il semble encor douter ;
Mais si l'idole tombe, il va la détester.

BRUTUS.

Jurez donc avec moi, jurez sur cette épée,
Par le sang de Caton, par celui de Pompée,
Par les mânes sacrés de tous ces vrais Romains
Qui dans les champs d'Afrique ont fini leurs destins,
Jurez par tous les dieux vengeurs de la patrie,
Que César sous vos coups va terminer sa vie.

CASSIUS.

Faisons plus, mes amis ; jurons d'exterminer
Quiconque ainsi que lui prétendra gouverner ;
Fussent nos propres fils, nos frères, ou nos pères,

ACTE II, SCÈNE IV.

S'ils sont tyrans, Brutus, ils sont nos adversaires :
Un vrai républicain n'a pour père et pour fils
Que la vertu, les dieux, les lois, et son pays.

BRUTUS.

Oui, j'unis pour jamais mon sang avec le vôtre ;
Tous dès ce moment même adoptés l'un par l'autre,
Le salut de l'état nous a rendus parens :
Scellons notre union du sang de nos tyrans.

(*Il s'avance vers la statue de Pompée.*)

Nous le jurons par vous, héros dont les images
A ce pressant devoir excitent nos courages ;
Nous promettons, Pompée, à tes sacrés genoux,
De faire tout pour Rome, et jamais rien pour nous ;
D'être unis pour l'état, qui dans nous se rassemble,
De vivre, de combattre, et de mourir ensemble.
Allons, préparons-nous : c'est trop nous arrêter.

SCÈNE V.

CÉSAR, BRUTUS.

CÉSAR.

Demeure. C'est ici que tu dois m'écouter ;
Où vas-tu, malheureux !

BRUTUS.

        Loin de la tyrannie.

CÉSAR.

Licteurs, qu'on le retienne.

BRUTUS.

            Achève, et prends ma vie.

CÉSAR.

Brutus, si ma colère en voulait à tes jours,
Je n'aurais qu'à parler, j'aurais fini leur cours ;
Tu l'as trop mérité : ta fière ingratitude
Se fait de m'offenser une farouche étude :
Je te retrouve encore avec ceux des Romains
Dont j'ai plus soupçonné les perfides desseins ;
Avec ceux qui tantôt ont osé me déplaire,
Ont blâmé ma conduite, ont bravé ma colère.

BRUTUS.

Ils parlaient en Romains, César, et leurs avis,
Si les dieux t'inspiraient, seraient encor suivis.

CÉSAR.

Je souffre ton audace, et consens à t'entendre ;
De mon rang avec toi je me plais à descendre :
Que me reproches-tu ?

BRUTUS.

Le monde ravagé,
Le sang des nations, ton pays saccagé ;
Ton pouvoir, tes vertus, qui font tes injustices,
Qui de tes attentats sont en toi les complices ;
Ta funeste bonté, qui fait aimer tes fers,
Et qui n'est qu'un appât pour tromper l'univers.

CÉSAR.

Ah ! c'est ce qu'il fallait reprocher à Pompée ;
Par sa feinte vertu la tienne fut trompée :
Ce citoyen superbe, à Rome plus fatal,
N'a pas même voulu César pour son égal.
Crois-tu, s'il m'eût vaincu, que cette âme hautaine

Eût laissé respirer la liberté romaine ?
Sous un joug despotique il t'aurait accablé.
Qu'eût fait Brutus alors ?

BRUTUS.

Brutus l'eût immolé.

CÉSAR.

Voilà donc ce qu'enfin ton grand cœur me destine ?
Tu ne t'en défends point. Tu vis pour ma ruine,
Brutus !

BRUTUS.

Si tu le crois, préviens donc ma fureur.
Qui peut te retenir ?

CÉSAR, *lui présentant la lettre de Servilie.*

La nature, et mon cœur.
Lis, ingrat, lis; connais le sang que tu m'opposes ;
Vois qui tu peux haïr; et poursuis, si tu l'oses.

BRUTUS.

Où suis-je ? Qu'ai-je lu ? me trompez-vous, mes yeux ?

CÉSAR.

Eh bien, Brutus, mon fils !

BRUTUS.

Lui, mon père ! grands dieux !

CÉSAR.

Oui, je le suis, ingrat ! Quel silence farouche !
Que dis-je ? quels sanglots échappent de ta bouche ?
Mon fils... Quoi, je te tiens muet entre mes bras !
La nature t'étonne, et ne t'attendrit pas !

BRUTUS.

O sort épouvantable, et qui me désespère !

O sermens ! ô patrie ! ô Rome toujours chère !
César !... Ah, malheureux ! j'ai trop long-temps vécu.

CÉSAR.

Parle. Quoi ! d'un remords ton cœur est combattu !
Ne me déguise rien. Tu gardes le silence !
Tu crains d'être mon fils ; ce nom sacré t'offense :
Tu crains de me chérir, de partager mon rang ;
C'est un malheur pour toi d'être né de mon sang !
Ah ! ce sceptre du monde, et ce pouvoir suprême,
Ce César, que tu hais, les voulait pour toi-même :
Je voulais partager avec Octave et toi
Le prix de cent combats, et ce titre de roi.

BRUTUS.

Ah, dieux !

CÉSAR.

   Tu veux parler, et te retiens à peine !
Ces transports sont-ils donc de tendresse ou de haine ?
Quel est donc le secret qui semble t'accabler ?

BRUTUS.

César...

CÉSAR.

  Eh bien ! mon fils ?

BRUTUS.

     Je ne puis lui parler.

CÉSAR.

Tu n'oses me nommer du tendre nom de père

BRUTUS.

Si tu l'es, je te fais une unique prière.

ACTE II, SCÈNE V.

CÉSAR.

Parle : en te l'accordant je croirai tout gagner.

BRUTUS.

Fais-moi mourir sur l'heure, ou cesse de régner.

CÉSAR.

Ah ! barbare ennemi, tigre que je caresse !
Ah ! cœur dénaturé qu'endurcit ma tendresse !
Va, tu n'es plus mon fils ; va, cruel citoyen,
Mon cœur désespéré prend l'exemple du tien :
Ce cœur, à qui tu fais cette effroyable injure,
Saura bien, comme toi, vaincre enfin la nature.
Va, César n'est pas fait pour te prier en vain ;
J'apprendrai de Brutus à cesser d'être humain :
Je ne te connais plus. Libre dans ma puissance,
Je n'écouterai plus une injuste clémence.
Tranquille, à mon courroux je vais m'abandonner.
Mon cœur trop indulgent est las de pardonner.
J'imiterai Sylla, mais dans ses violences :
Vous tremblerez, ingrats, au bruit de mes vengeances.
Va, cruel, va trouver tes indignes amis :
Tous m'ont osé déplaire, ils seront tous punis.
On sait ce que je puis, on verra ce que j'ose :
Je deviendrai barbare ; et toi seul en es cause.

BRUTUS.

Ah ! ne le quittons point dans ses cruels desseins :
Et sauvons, s'il se peut, César et les Romains.

FIN DU SECOND ACTE.

ACTE III.

SCÈNE PREMIÈRE.

CASSIUS, CIMBER, DÉCIME, CINNA, CASCA.
LES CONJURÉS.

CASSIUS.
Enfin donc l'heure approche où Rome va renaître ;
La maîtresse du monde est aujourd'hui sans maître :
L'honneur en est à vous, Cimber, Casca, Probus,
Décime. Encore une heure, et le tyran n'est plus.
Ce que n'ont pu Caton, et Pompée, et l'Asie,
Nous seuls l'exécutons ; nous vengeons la patrie :
Et je veux qu'en ce jour on dise à l'univers :
Mortels, respectez Rome, elle n'est plus aux fers.

CIMBER.
Tu vois tous nos amis ; ils sont prêts à te suivre,
A frapper, à mourir, à vivre s'il faut vivre ;
A servir le sénat, dans l'un ou l'autre sort ;
En donnant à César ou recevant la mort.

DÉCIME.
Mais d'où vient que Brutus ne paraît point encore ?
Lui, ce fier ennemi du tyran qu'il abhorre ;
Lui, qui prit nos sermens, qui nous rassembla tous ;

Lui, qui doit sur César porter les premiers coups?
Le gendre de Caton tarde bien à paraître :
Serait-il arrêté? César peut-il connaître...?
Mais le voici. Grands dieux! qu'il paraît abattu!

SCÈNE II.

CASSIUS, BRUTUS, CIMBER, CASCA, DÉCIME,
LES CONJURÉS.

CASSIUS.
Brutus, quelle infortune accable ta vertu?
Le tyran sait-il tout? Rome est-elle trahie?
BRUTUS.
Non, César ne sait point qu'on va trancher sa vie;
Il se confie à vous.
DÉCIME.
Qui peut donc te troubler?
BRUTUS.
Un malheur, un secret, qui vous fera trembler.
CASSIUS.
De nous ou du tyran c'est la mort qui s'apprête:
Nous pouvons tous périr; mais trembler, nous!
BRUTUS.
Arrête:
Je vais t'épouvanter par ce secret affreux.
Je dois sa mort à Rome, à vous, à nos neveux,
Au bonheur des mortels; et j'avais choisi l'heure,
Le lieu, le bras, l'instant où Rome veut qu'il meure;

L'honneur du premier coup à mes mains est remis;
Tout est prêt: apprenez que Brutus est son fils.
CIMBER.
Toi, son fils!
CASSIUS.
De César!
DÉCIME.
O Rome!
BRUTUS.
Servilie,
Par un hymen secret, à César fut unie;
Je suis de cet hymen le fruit infortuné.
CIMBER.
Brutus, fils d'un tyran!
CASSIUS.
Non, tu n'en es pas né;
Ton cœur est trop romain.
BRUTUS.
Ma honte est véritable.
Vous, amis, qui voyez le destin qui m'accable,
Soyez par mes sermens les maîtres de mon sort.
Est-il quelqu'un de vous d'un esprit assez fort,
Assez stoïque, assez au-dessus du vulgaire,
Pour oser décider ce que Brutus doit faire?
Je m'en remets à vous. Quoi! vous baissez les yeux!
Toi, Cassius, aussi, tu te tais avec eux!
Aucun ne me soutient au bord de cet abîme!
Aucun ne m'encourage ou ne m'arrache au crime!
Tu frémis Cassius! et prompt à t'étonner....

CASSIUS.
Je frémis du conseil que je vais te donner.
BRUTUS.
Parle.
CASSIUS.
Si tu n'étais qu'un citoyen vulgaire,
Je te dirais : Va, sers, sois tyran sous ton père;
Écrase cet état que tu dois soutenir;
Rome aura désormais deux traîtres à punir :
Mais je parle à Brutus, à ce puissant génie,
A ce héros armé contre la tyrannie,
Dont le cœur inflexible au bien déterminé,
Épura tout le sang que César t'a donné.
Écoute : tu connais avec quelle furie
Jadis Catilina menaça sa patrie ?
BRUTUS.
Oui.
CASSIUS.
Si le même jour que ce grand criminel
Dut à la liberté porter le coup mortel,
Si, lorsque le sénat eut condamné ce traître,
Catilina pour fils t'eût voulu reconnaître,
Entre ce monstre et nous forcé de décider,
Parle, qu'aurais-tu fait ?
BRUTUS.
Peux-tu le demander ?
Penses-tu qu'un instant ma vertu démentie
Eût mis dans la balance un homme et la patrie ?

CASSIUS.

Brutus, par ce seul mot ton devoir est dicté.
C'est l'arrêt du sénat, Rome est en sûreté.
Mais, dis, sens-tu ce trouble et ce secret murmure
Qu'un préjugé vulgaire impute à la nature?
Un seul mot de César a-t-il éteint dans toi
L'amour de ton pays, ton devoir, et ta foi?
En disant ce secret ou faux ou véritable,
Et t'avouant pour fils, en est-il moins coupable?
En es-tu moins Brutus? en es-tu moins Romain?
Nous dois-tu moins ta vie, et ton cœur, et ta main?
Toi, son fils! Rome enfin n'est-elle plus ta mère?
Chacun des conjurés n'est-il donc plus ton frère?
Né dans nos murs sacrés, nourri par Scipion,
Élève de Pompée, adopté par Caton,
Ami de Cassius, que veux-tu d'avantage?
Ces titres sont sacrés; tout autre les outrage.
Qu'importe qu'un tyran, esclave de l'amour,
Ait séduit Servilie, et t'ait donné le jour?
Laisse là les erreurs et l'hymen de ta mère,
Caton forma tes mœurs, Caton seul est ton père;
Tu lui dois ta vertu, ton âme est toute à lui:
Brise l'indigne nœud que l'on t'offre aujourd'hui;
Qu'à nos sermens communs ta fermeté réponde;
Et tu n'as de parens que les vengeurs du monde.

BRUTUS.

Et vous, braves amis, parlez, que pensez-vous?

CIMBER.

Jugez de nous par lui, jugez de lui par nous.

ACTE III, SCÈNE II. 113

D'un autre sentiment si nous étions capables,
Rome n'aurait point eu des enfans plus coupables.
Mais à d'autres qu'à toi pourquoi t'en rapporter?
C'est ton cœur, c'est Brutus qu'il te faut consulter.

BRUTUS.

Eh bien! à vos regards mon âme est dévoilée;
Lisez-y les horreurs dont elle est accablée.
Je ne vous cèle rien, ce cœur s'est ébranlé;
De mes stoïques yeux des larmes ont coulé.
Après l'affreux serment que vous m'avez vu faire,
Prêt à servir l'état, mais à tuer mon père;
Pleurant d'être son fils, honteux de ses bienfaits;
Admirant ses vertus, condamnant ses forfaits;
Voyant en lui mon père, un coupable, un grand
    homme;
Entraîné par César, et retenu par Rome,
D'horreur et de pitié mes esprits déchirés
Ont souhaité la mort que vous lui préparez.
Je vous dirai bien plus; sachez que je l'estime:
Son grand cœur me séduit au sein même du crime;
Et, si sur les Romains quelqu'un pouvait régner,
Il est le seul tyran que l'on dût épargner.
Ne vous alarmez point; ce nom que je déteste,
Ce nom seul de tyran l'emporte sur le reste.
Le sénat, Rome, et vous, vous avez tous ma foi:
Le bien du monde entier me parle contre un roi.
J'embrasse avec horreur une vertu cruelle;
J'en frissonne à vos yeux; mais je vous suis fidèle.
César me va parler; que ne puis-je aujourd'hui

L'attendrir, le changer, sauver l'état et lui !
Veuillent les immortels, s'expliquant par ma bouche,
Prêter à mon organe un pouvoir qui le touche !
Mais si je n'obtiens rien de cet ambitieux,
Levez le bras, frappez, je détourne les yeux.
Je ne trahirai point mon pays pour mon père :
Que l'on approuve ou non ma fermeté sévère,
Qu'à l'univers surpris cette grande action
Soit un objet d'horreur ou d'admiration,
Mon esprit, peu jaloux de vivre en la mémoire,
Ne considère point le reproche ou la gloire ;
Toujours indépendant, et toujours citoyen,
Mon devoir me suffit ; tout le reste n'est rien.
Allez ; ne songez plus qu'à sortir d'esclavage.

CASSIUS.

Du salut de l'état ta parole est le gage.
Nous comptons tous sur toi, comme si dans ces lieux
Nous entendions Caton, Rome même, et nos dieux.

SCÈNE III.

BRUTUS.

Voici donc le moment où César va m'entendre ;
Voici ce capitole où la mort va l'attendre.
Épargnez-moi, grands dieux, l'horreur de le haïr !
Dieux, arrêtez ces bras levés pour le punir !
Rendez, s'il se peut, Rome à son grand cœur plus
    chère,
Et faites qu'il soit juste, afin qu'il soit mon père !

Le voici. Je demeure immobile, éperdu.
O mânes de Caton, soutenez ma vertu!

SCÈNE IV.

CÉSAR, BRUTUS.

CÉSAR.

Eh bien! que veux-tu? parle. As-tu le cœur d'un homme?
Es-tu fils de César?

BRUTUS.

Oui, si tu l'es de Rome.

CÉSAR.

Républicain farouche, où vas-tu t'emporter?
N'as-tu voulu me voir que pour mieux m'insulter?
Quoi! tandis que sur toi mes faveurs se répandent,
Que du monde soumis les hommages t'attendent,
L'empire, mes bontés, rien ne fléchit ton cœur!
De quel œil vois-tu donc le sceptre?

BRUTUS.

Avec horreur.

CÉSAR.

Je plains tes préjugés, je les excuse même.
Mais peux-tu me haïr?

BRUTUS.

Non, César; et je t'aime.
Mon cœur par tes exploits fut pour toi prévenu
Avant que pour ton sang tu m'eusses reconnu.

Je me suis plaint aux dieux de voir qu'un si grand homme
Fût à la fois la gloire et le fléau de Rome.
Je déteste César avec le nom de roi;
Mais César citoyen serait un dieu pour moi;
Je lui sacrifirais ma fortune et ma vie.

CÉSAR.

Que peux-tu donc haïr en moi?

BRUTUS.

      La tyrannie.
Daigne écouter les vœux, les larmes, les avis
De tous les vrais Romains, du sénat, de ton fils.
Veux-tu vivre en effet le premier de la terre,
Jouir d'un droit plus saint que celui de la guerre,
Être encor plus que roi, plus même que César?

CÉSAR.

Eh bien?

BRUTUS.

    Tu vois la terre enchaînée à ton char;
Romps nos fers, sois Romain, renonce au diadème.

CÉSAR.

Ah! que proposes-tu?

BRUTUS.

      Ce qu'a fait Sylla même.
Long-temps dans notre sang Sylla s'était noyé:
Il rendit Rome libre, et tout fut oublié.
Cet assassin illustre entouré de victimes,
En descendant du trône effaça tous ses crimes.
Tu n'eus point ses fureurs, ose avoir ses vertus.

Ton cœur sut pardonner; César, fais encor plus.
Que servent désormais les grâces que tu donnes?
C'est à Rome, à l'état, qu'il faut que tu pardonnes:
Alors plus qu'à ton rang nos cœurs te sont soumis;
Alors tu sais régner; alors je suis ton fils.
Quoi! je te parle en vain?

CÉSAR.

Rome demande un maître;
Un jour à tes dépens tu l'apprendras peut-être.
Tu vois nos citoyens plus puissans que des rois :
Nos mœurs changent, Brutus; il faut changer nos lois.
La liberté n'est plus que le droit de se nuire :
Rome, qui détruit tout, semble enfin se détruire;
Ce colosse effrayant, dont le monde est foulé,
En pressant l'univers est lui-même ébranlé;
Il penche vers sa chute, et contre la tempête
Il demande mon bras pour soutenir sa tête :
Enfin, depuis Sylla, nos antiques vertus,
Les lois, Rome, l'état, sont des noms superflus.
Dans nos temps corrompus, pleins de guerres civiles,
Tu parles comme au temps des Dèces, des Émiles.
Caton t'a trop séduit, mon cher fils; je prévoi
Que ta triste vertu perdra l'état et toi.
Fais céder, si tu peux, ta raison détrompée
Au vainqueur de Caton, au vainqueur de Pompée,
A ton père qui t'aime, et qui plaint ton erreur :
Sois mon fils en effet, Brutus; rends-moi ton cœur;
Prends d'autres sentimens, ma bonté t'en conjure;
Ne force point ton âme à vaincre la nature.

Tu ne me réponds rien ; tu détournes les yeux.
BRUTUS.
Je ne me connais plus. Tonnez sur moi, grand dieux !
César....
CÉSAR.
Quoi ! tu t'émeus ? ton âme est amollie ?
Ah ! mon fils....!
BRUTUS.
Sais-tu bien qu'il y va de ta vie ?
Sais-tu que le sénat n'a point de vrai Romain
Qui n'aspire en secret à te percer le sein ?
Que le salut de Rome, et que le tien te touche !
Ton génie alarmé te parle par ma bouche :
Il me pousse, il me presse, il me jette à tes pieds.
(*Il se jette à ses genoux.*)
César, au nom des dieux, dans ton cœur oubliés,
Au nom de tes vertus, de Rome, de toi-même,
Dirai-je au nom d'un fils qui frémit et qui t'aime,
Qui te préfère au monde, et Rome seule à toi,
Ne me rebute pas !
CÉSAR.
Malheureux, laisse-moi :
Que me veux-tu ?
BRUTUS.
Crois-moi, ne sois point insensible.
CÉSAR.
L'univers peut changer ; mon âme est inflexible.
BRUTUS.
Voilà donc ta réponse ?

ACTE III, SCÈNE IV.

CÉSAR.

Oui, tout est résolu.
Rome doit obéir, quand César a voulu.

BRUTUS, *d'un air consterné.*

Adieu, César.

CÉSAR.

Et quoi! d'où viennent tes alarmes?
Demeure encor, mon fils. Quoi, tu verses des larmes!
Quoi! Brutus peut pleurer! Est-ce d'avoir un roi?
Pleures-tu les Romains?

BRUTUS.

Je ne pleure que toi.
Adieu, te dis-je.

CÉSAR.

O Rome! ô rigueur héroïque!
Que ne puis-je à ce point aimer ma république!

SCÈNE V.

CÉSAR, DOLABELLA, ROMAINS.

DOLABELLA.

Le sénat par ton ordre au temple est arrivé;
On n'attend plus que toi, le trône est élevé;
Tous ceux qui t'ont vendu leur vie et leurs suffrages
Vont prodiguer l'encens au pied de tes images:
J'amène devant toi la foule des Romains;
Le sénat va fixer leurs esprits incertains:
Mais si César croyait un citoyen qui l'aime,

Nos présages affreux, nos devins, nos dieux même,
César différerait ce grand événement.

CÉSAR.

Quoi ! lorsqu'il faut régner, différer d'un moment !
Qui pourrait m'arrêter, moi ?

DOLABELLA.

                Toute la nature
Conspire à t'avertir par un sinistre augure :
Le Ciel qui fait les rois redoute ton trépas.

CÉSAR.

Va, César n'est qu'un homme ; et je ne pense pas
Que le Ciel de mon sort à ce point s'inquiète,
Qu'il anime pour moi la nature muette,
Et que les élémens paraissent confondus
Pour qu'un mortel ici respire un jour de plus.
Les dieux du haut du ciel ont compté nos années ;
Suivons sans reculer nos hautes destinées.
César n'a rien à craindre.

DOLABELLA.

            Il a des ennemis
Qui sous un joug nouveau sont à peine asservis :
Qui sait s'ils n'auraient point conspiré leur vengeance ?

CÉSAR.

Ils n'oseraient.

DOLABELLA.

      Ton cœur a trop de confiance.

CÉSAR.

Tant de précautions contre mon jour fatal
Me rendraient méprisable, et me défendraient mal.

DOLABELLA.

Pour le salut de Rome il faut que César vive :
Dans le sénat au moins permets que je te suive.

CÉSAR.

Non : pourquoi changer l'ordre entre nous concerté ?
N'avançons point, ami, le moment arrêté;
Qui change ses desseins découvre sa faiblesse.

DOLABELLA.

Je te quitte à regret. Je crains, je le confesse ;
Ce nouveau mouvement dans mon cœur est trop fort.

CÉSAR.

Va, j'aime mieux mourir que de craindre la mort.
Allons.

SCÈNE VI.

DOLABELLA, ROMAINS.

DOLABELLA.

Chers citoyens, quel héros, quel courage
De la terre et de vous méritait mieux l'hommage?
Joignez vos vœux aux miens, peuple, qui l'admirez ;
Confirmez les honneurs qui lui sont préparés ;
Vivez pour le servir, mourez pour le défendre....
Quelles clameurs, ô Ciel ! quels cris se font entendre !

LES CONJURÉS, *derrière le théâtre.*

Meurs, expire, tyran. Courage, Cassius.

DOLABELLA.

Ah ! courons le sauver.

SCÈNE VII.

CASSIUS, *un poignard à la main*, DOLABELLA,
ROMAINS.

CASSIUS.

C'en est fait, il n'est plus.

DOLABELLA.

Peuples, secondez-moi, frappons, perçons ce traître.

CASSIUS.

Peuples, imitez-moi; vous n'avez plus de maître :
Nation de héros, vainqueurs de l'univers :
Vive la liberté! ma main brise vos fers.

DOLABELLA.

Vous trahissez, Romains, le sang de ce grand homme?

CASSIUS.

J'ai tué mon ami pour le salut de Rome :
Il vous asservit tous; son sang est répandu.
Est-il quelqu'un de vous de si peu de vertu,
D'un esprit si rampant, d'un si faible courage,
Qu'il puisse regretter César et l'esclavage?
Quel est ce vil Romain qui veut avoir un roi?
S'il en est un, qu'il parle, et qu'il se plaigne à moi :
Mais vous m'applaudissez, vous aimez tous la gloire.

ROMAINS.

César fut un tyran, périsse sa mémoire!

CASSIUS.

Maîtres du monde entier, de Rome heureux enfans,
Conservez à jamais ces nobles sentimens.

Je sais que devant vous Antoine va paraître :
Amis, souvenez-vous que César fut son maître ;
Qu'il a servi sous lui, dès ses plus jeunes ans,
Dans l'école du crime, et dans l'art des tyrans.
Il vient justifier son maître et son empire ;
Il vous méprise assez pour penser vous séduire :
Sans doute il peut ici faire entendre sa voix ;
Telle est la loi de Rome, et j'obéis aux lois.
Le peuple est désormais leur organe suprême,
Le juge de César, d'Antoine, de moi-même.
Vous rentrez dans vos droits indignement perdus ;
César vous les ravit, je vous les ai rendus ;
Je les veux affermir. Je rentre au capitole ;
Brutus est au sénat, il m'attend, et j'y vole.
Je vais avec Brutus, en ces murs désolés,
Rappeler la justice, et nos dieux exilés,
Étouffer des méchans les fureurs intestines,
Et de la liberté réparer les ruines.
Vous, Romains, seulement consentez d'être heureux ;
Ne vous trahissez pas, c'est tout ce que je veux ;
Redoutez tout d'Antoine, et surtout l'artifice.

ROMAINS.

S'il vous ose accuser, que lui-même il périsse.

CASSIUS.

Souvenez-vous, Romains, de ces sermens sacrés.

ROMAINS.

Aux vengeurs de l'état nos cœurs sont assurés.

SCÈNE VIII.

ANTOINE, ROMAINS, DOLABELLA.

UN ROMAIN.

Mais Antoine paraît.

AUTRE ROMAIN.

Qu'osera-t-il nous dire ?

UN ROMAIN.

Ses yeux versent des pleurs; il se trouble, il soupire.

UN AUTRE.

Il aimait trop César.

ANTOINE, *montant à la tribune aux harangues.*

Oui, je l'aimais, Romains;
Oui, j'aurais de mes jours prolongé ses destins :
Hélas ! vous avez tous pensé comme moi-même ;
Et lorsque, de son front ôtant le diadème,
Ce héros à vos lois s'immolait aujourd'hui,
Qui de vous en effet n'eût expiré pour lui ?
Hélas ! je ne viens point célébrer sa mémoire :
La voix du monde entier parle assez de sa gloire :
Mais de mon désespoir ayez quelque pitié,
Et pardonnez du moins des pleurs à l'amitié.

UN ROMAIN.

Il les fallait verser quand Rome avait un maître.
César fut un héros; mais César fut un traître.

AUTRE ROMAIN.

Puisqu'il était tyran, il n'eut point de vertus.

UN TROISIÈME.
Oui nous approuvons tous Cassius et Brutus.
ANTOINE.
Contre ces meurtriers je n'ai rien à vous dire;
C'est à servir l'état que leur grand cœur aspire.
De votre dictateur ils ont percé le flanc;
Comblés de ses bienfaits, ils sont teints de son sang.
Pour forcer les Romains à ce coup détestable,
Sans doute il fallait bien que César fût coupable;
Je le crois : mais enfin César a-t-il jamais
De son pouvoir sur vous appesanti le faix?
A-t-il gardé pour lui le fruit de ses conquêtes?
Des dépouilles du monde il couronnait vos têtes;
Tout l'or des nations qui tombaient sous ses coups,
Tout le prix de son sang fut prodigué pour vous :
De son char de triomphe il voyait vos alarmes;
César en descendait pour essuyer vos larmes :
Du monde qu'il soumit vous triomphez en paix,
Puissans par son courage, heureux par ses bienfaits;
Il payait le service; il pardonnait l'outrage.
Vous le savez, grands dieux! vous, dont il fut l'image;
Vous, dieux! qui lui laissiez le monde à gouverner;
Vous savez si son cœur aimait à pardonner!
ROMAINS.
Il est vrai que César fit aimer sa clémence.
ANTOINE.
Hélas! si sa grande âme eût connu la vengeance,
Il vivrait, et sa vie eût rempli nos souhaits.
Sur tous ses meurtriers il versa ses bienfaits;

Deux fois à Cassius il conserva la vie.
Brutus.... où suis-je? ô Ciel! ô crime! ô barbarie!
Chers amis, je succombe, et mes sens interdits....
Brutus son assassin!.... ce monstre était son fils.

ROMAINS.

Ah dieux!

ANTOINE.

Je vois frémir vos généreux courages;
Amis, je vois les pleurs qui mouillent vos visages.
Oui, Brutus est son fils : mais vous qui m'écoutez,
Vous étiez ses enfans dans son cœur adoptés.
Hélas! si vous saviez sa volonté dernière!

ROMAINS.

Quelle est-elle? parlez.

ANTOINE.

Rome est son héritière :
Ses trésors sont vos biens; vous en allez jouir :
Au delà du tombeau César veut vous servir :
C'est vous seuls qu'il aimait; c'est pour vous qu'en Asie
Il allait prodiguer sa fortune et sa vie :
O Romains, disait-il, peuple-roi que je sers,
Commandez à César, César à l'univers.
Brutus ou Cassius eût-il fait davantage?

ROMAINS.

Ah! nous les détestons. Ce doute nous outrage.

UN ROMAIN.

César fut en effet le père de l'état.

ANTOINE.

Votre père n'est plus; un lâche assassinat

Vient de trancher ici les jours de ce grand homme,
L'honneur de la nature, et la gloire de Rome.
Romains, priverez-vous des honneurs du bûcher
Ce père, cet ami, qui vous était si cher?
On l'apporte à vos yeux.

(*Le fond du théâtre s'ouvre ; des licteurs apportent le corps de César couvert d'une robe sanglante. Antoine descend de la tribune, et se jette à genoux auprès du corps.*)

ROMAINS.
O spectacle funeste !

ANTOINE.
Du plus grand des Romains voilà ce qui vous reste ;
Voilà ce dieu vengeur idolâtré par vous,
Que ses assassins même adoraient à genoux ;
Qui, toujours votre appui dans la paix, dans la guerre,
Une heure auparavant faisait trembler la terre,
Qui devait enchaîner Babylone à son char ;
Amis, en cet état connaissez-vous César?
Vous les voyez, Romains, vous touchez ces blessures,
Ce sang qu'ont sous vos yeux versé des mains parjures.
Là Cimber l'a frappé ; là, sur le grand César
Cassius et Décime enfonçaient leur poignard ;
Là, Brutus éperdu, Brutus, l'âme égarée,
A souillé dans ses flancs sa main dénaturée.
César, le regardant d'un œil tranquille et doux,
Lui pardonnait encor en tombant sous ses coups ;
Il l'appelait son fils ; et ce nom cher et tendre
Est le seul qu'en mourant César ait fait entendre :
O mon fils ! disait-il.

UN ROMAIN.

O monstre que les dieux
Devaient exterminer avant ce coup affreux !

AUTRES ROMAINS, *en regardant le corps dont ils sont proches.*

Dieux ? son sang coule encore.

ANTOINE.

Il demande vengeance,
Il l'attend de vos mains et de votre vaillance.
Entendez-vous sa voix ? Réveillez-vous Romains ;
Marchez, suivez-moi tous contre ses assassins :
Ce sont là les honneurs qu'à César on doit rendre :
Des brandons du bûcher qui va le mettre en cendre
Embrasons les palais de ces fiers conjurés ;
Enfonçons dans leur sein nos bras désespérés.
Venez, dignes amis, venez vengeurs des crimes,
Au dieu de la patrie immoler ces victimes.

ROMAINS.

Oui, nous les punirons ; oui, nous suivrons vos pas.
Nous jurons par son sang de venger son trépas.
Courons.

ANTOINE, *à Dolabella.*

Ne laissons par leur fureur inutile ;
Précipitons ce peuple inconstant et facile ;
Entraînons-le à la guerre ; et sans rien ménager,
Succédons à César, en courant le venger.

FIN DE LA MORT DE CÉSAR.

SÉMIRAMIS,

TRAGÉDIE.

PERSONNAGES.

SÉMIRAMIS, reine de Babylone.
ARZACE ou NINIAS, fils de Sémiramis.
AZÉMA, princesse du sang de Bélus.
ASSUR, prince du sang de Bélus.
OROÈS, grand-prêtre.
OTANE, ministre attaché à Sémiramis.
MITRANE, ami d'Arzace.
CÉDAR, attaché à Assur.
GARDES, MAGES, ESCLAVES, SUITE.

(*La scène est à Babylone.*)

SÉMIRAMIS,

TRAGÉDIE.

ACTE PREMIER.

(Le théâtre représente un vaste péristyle, au fond duquel est le palais de Sémiramis. Les jardins en terrasse sont élevés au-dessus du palais. Le temple des mages est à droite, et un mausolée à gauche, orné d'obélisques.)

SCÈNE PREMIÈRE.

Deux esclaves portent une cassette dans le lointain.

ARZACE, MITRANE.

ARZACE.

Oui, Mitrane, en secret l'ordre émané du trône
Remet entre tes bras Arzace à Babylone.
Que la reine en ces lieux, brillans de sa splendeur,
De son puissant génie imprime la grandeur !
Quel art a pu former ces enceintes profondes
Où l'Euphrate égaré porte en tribut ses ondes ;
Ce temple, ces jardins dans les airs soutenus ;
Ce vaste mausolée où repose Ninus ?

Éternels monumens, moins admirables qu'elle !
C'est ici qu'à ses pieds Sémiramis m'appelle.
Les rois de l'Orient, loin d'elle prosternés,
N'ont point eu ces honneurs qui me sont destinés :
Je vais dans son éclat voir cette reine heureuse.

MITRANE.

La renommée, Arzace, est souvent bien trompeuse ;
Et peut-être avec moi bientôt vous gémirez
Quand vous verrez de près ce que vous admirez.

ARZACE.

Comment ?

MITRANE.

   Sémiramis, à ses douleurs livrée,
Sème ici les chagrins dont elle est dévorée :
L'horreur qui l'épouvante est dans tous les esprits.
Tantôt remplissant l'air de ses lugubres cris,
Tantôt morne, abattue, égarée, interdite,
De quelque dieu vengeur évitant la poursuite,
Elle tombe à genoux vers ces lieux retirés,
A la nuit, au silence, à la mort consacrés ;
Séjour où nul mortel n'osa jamais descendre,
Où de Ninus mon maître on conserve la cendre.
Elle approche à pas lents, l'air sombre, intimidé,
Et se frappant le sein de ses pleurs inondé.
A travers les horreurs d'un silence farouche,
Les noms de fils, d'époux, échappent de sa bouche :
Elle invoque les dieux ; mais les dieux irrités
Ont corrompu le cours de ses prospérités.

ARZACE.
Quelle est d'un tel état l'origine imprévue?
MITRANE.
L'effet en est affreux, la cause est inconnue.
ARZACE.
Et depuis quand les dieux l'accablent-ils ainsi?
MITRANE.
Depuis qu'elle ordonna que vous vinssiez ici.
ARZACE.
Moi?
MITRANE.
Vous: ce fut, Seigneur, au milieu de ces fêtes,
Quand Babylone en feu célébrait vos conquêtes;
Lorsqu'on vit déployer ces drapeaux suspendus,
Monumens des états à vos armes rendus;
Lorsqu'avec tant d'éclat l'Euphrate vit paraître
Cette jeune Azéma, la nièce de mon maître,
Ce pur sang de Bélus et de nos souverains,
Qu'aux Scythes ravisseurs ont arraché vos mains:
Ce trône a vu flétrir sa majesté suprême,
Dans des jours de triomphe, au sein du bonheur même.
ARZACE.
Azéma n'a point part à ce trouble odieux;
Un seul de ses regards adoucirait les dieux;
Azéma d'un malheur ne peut être la cause.
Mais de tout, cependant, Sémiramis dispose:
Son cœur en ces horreurs n'est pas toujours plongé?
MITRANE.
De ces chagrins mortels son esprit dégagé

Souvent reprend sa force et sa splendeur première.
J'y revois tous les traits de cette âme si fière,
A qui les plus grands rois, sur la terre adorés,
Même par leurs flatteurs ne sont pas comparés.
Mais lorsque, succombant au mal qui la déchire,
Ses mains laissent flotter les rênes de l'empire,
Alors le fier Asssur, ce satrape insolent,
Fait gémir le palais sous son joug accablant.
Ce secret de l'état, cette honte du trône,
N'ont point encor percé les murs de Babylone.
Ailleurs on nous envie, ici nous gémissons.

ARZACE.

Pour les faibles humains quelles hautes leçons !
Que partout le bonheur est mêlé d'amertume !
Qu'un trouble aussi cruel m'agite et me consume !
Privé de ce mortel, dont les yeux éclairés
Aurait conduit mes pas à la cour égarés,
Accusant le destin qui m'a ravi mon père,
En proie aux passions d'un âge téméraire,
A mes vœux orgueilleux sans guide abandonné,
De quels écueils nouveaux je marche environné !

MITRANE.

J'ai pleuré comme vous ce vieillard vénérable ;
Phradate m'était cher, et sa perte m'accable :
Hélas ! Ninus l'aimait ; il lui donna son fils ;
Ninias, notre espoir, à ses mains fut remis.
Un même jour ravit et le fils et le père ;
Il s'imposa dès lors un exil volontaire ;
Mais enfin son exil a fait votre grandeur.

Élevé près de lui dans les champs de l'honneur,
Vous avez à l'empire ajouté des provinces ;
Et, placé par la gloire au rang des plus grands princes,
Vous êtes devenu l'ouvrage de vos mains.

ARZACE.

Je ne sais en ces lieux quels seront mes destins.
Aux plaines d'Arbazan quelques succès peut-être,
Quelques travaux heureux m'ont assez fait connaître ;
Et quand Sémiramis, aux rives de l'Oxus.
Vint imposer des lois à cent peuples vaincus,
Elle laissa tomber de son char de victoire
Sur mon front jeune encor un rayon de sa gloire ;
Mais souvent dans les camps un soldat honoré
Rampe à la cour des rois, et languit ignoré.
Mon père, en expirant, me dit que ma fortune
Dépendait en ces lieux de la cause commune.
Il remit dans mes mains ces gages précieux,
Qu'il conserva toujours loin des profanes yeux :
Je dois les déposer dans les mains du grand-prêtre ;
Lui seul doit en juger, lui seul doit les connaître ;
Sur mon sort, en secret, je dois le consulter ;
A Sémiramis même il peut me présenter.

MITRANE.

Rarement il l'approche ; obscur et solitaire,
Renfermé dans les soins de son saint ministère,
Sans vaine ambition, sans crainte, sans détour,
On le voit dans son temple, et jamais à la cour.
Il n'a point affecté l'orgueil du rang suprême,
Ni placé sa tiare auprès du diadème.

Moins il veut être grand, plus il est révéré.
Quelque accès m'est ouvert en ce séjour sacré;
Je puis même en secret lui parler à cette heure.
Vous le verrez ici, non loin de sa demeure,
Avant qu'un jour plus grand vienne éclairer nos yeux.

SCÈNE II.

ARZACE, seul.

Eh! quelle est donc sur moi la volonté des dieux?
Que me réservent-ils? et d'où vient que mon père
M'envoie, en expirant, au pied du sanctuaire,
Moi soldat, moi nourri dans l'horreur des combats,
Moi qu'enfin l'amour seul entraîne sur ses pas?
Aux dieux des Chaldéens quel service ai-je à rendre?
Mais quelle voix plaintive ici se fait entendre?
(*On entend des gémissemens sortir du fond du tombeau, où l'on suppose qu'ils sont entendus.*)
Du fond de cette tombe un cri lugubre, affreux,
Sur mon front pâlissant fait dresser mes cheveux;
De Ninus, m'a-t-on dit, l'ombre en ces lieux habite....
Les cris ont redoublé; mon âme est interdite.
Séjour sombre et sacré, mânes de ce grand roi,
Voix puissante des dieux, que voulez-vous de moi?

SCÈNE III.

ARZACE, LE GRAND MAGE OROÈS, SUITE DE MAGES, MITRANE.

MITRANE, *au mage Oroès.*
Oui, Seigneur, en vos mains Arzace ici doit rendre
Ces monumens secrets que vous semblez attendre.

ARZACE.
Du dieu des Chaldéens pontife redouté,
Permettez qu'un guerrier, à vos yeux présenté,
Apporte à vos genoux la volonté dernière
D'un père à qui mes mains ont fermé la paupière.
Vous daignâtes l'aimer.

OROÈS.
Jeune et brave mortel,
D'un dieu qui conduit tout le décret éternel
Vous amène à mes yeux plus que l'ordre d'un père.
De Phradate à jamais la mémoire m'est chère :
Son fils me l'est encor plus que vous ne croyez.
Ces gages précieux, par son ordre envoyés,
Où sont-ils ?

ARZACE.
Les voici.

(*Les esclaves donnent le coffre aux mages, qui le posent sur un autel.*)

OROÈS, *ouvrant le coffre, et se penchant avec respect et avec douleur.*
C'est donc vous que je touche,

Restes chers et sacrés, je vous vois, et ma bouche
Presse, avec des sanglots, ces tristes monumens
Qui, m'arrachant des pleurs, attestent mes sermens!
Que l'on nous laisse seuls; allez; et vous, Mitrane,
De ce secret mystère écartez tout profane.
   (*Les mages se retirent.*)
Voici ce même sceau dont Ninus autrefois
Transmit aux nations l'empreinte de ses lois :
Je la vois, cette lettre à jamais effrayante;
Que, prête à se glacer, traça sa main mourante.
Adorez ce bandeau dont il fut couronné :
A venger son trépas ce fer est destiné,
Ce fer qui subjugua la Perse et la Médie,
Inutile instrument contre la perfidie,
Contre un poison trop sûr, dont les mortels apprêts...

     ARZACE.
Ciel! que m'apprenez-vous?
     OROÈS.
       Ces horribles secrets
Sont encor demeurés dans une nuit profonde.
Du sein de ce sépulcre, inaccesible au monde,
Les mânes de Ninus et les dieux outragés
Ont élevé leurs voix, et ne sont point vengés.

     ARZACE.
Jugez de quelle horreur j'ai dû sentir l'atteinte.
Ici même, et du fond de cette auguste enceinte,
D'affreux gémissemens sont vers moi parvenus.

     OROÈS.
Ces accens de la mort sont la voix de Ninus.

ACTE I, SCÈNE III.

ARZACE.
Deux fois à mon oreille ils se sont fait entendre.
OROÈS.
Ils demandent vengeance.
ARZACE.
Il a droit de l'attendre.
Mais de qui ?
OROÈS.
Les cruels dont les coupables mains
Du plus juste des rois ont privé les humains,
Ont de leurs trahisons caché la trame impie ;
Dans la nuit de la tombe elle est ensevelie.
Aisément des mortels ils ont séduit les yeux :
Mais on ne peut tromper l'œil vigilant des dieux ;
Des plus obscurs complots il perce les abîmes.
ARZACE.
Ah ! si ma faible main pouvait punir ces crimes !
Je ne sais ; mais l'aspect de ce fatal tombeau
Dans mes sens étonnés porte un trouble nouveau.
Ne puis-je y consulter ce roi qu'on y révère ?
OROÈS.
Non : le Ciel le défend ; un oracle sévère
Nous interdit l'accès de ce séjour de pleurs.
Habité par la mort et par les dieux vengeurs.
Attendez avec moi le jour de la justice :
Il est temps qu'il arrive, et que tout s'accomplisse.
Je n'en puis dire plus ; des pervers éloigné,
Je lève en paix mes mains vers le Ciel indigné.
Sur ce grand intérêt, qui peut-être vous touche,

Ce Ciel, quand il lui plaît, ouvre et ferme ma bouche.
J'ai dit ce que j'ai dû; tremblez qu'en ces remparts
Une parole, un geste, un seul de vos regards,
Ne trahisse un secret que mon dieu vous confie.
Il y va de sa gloire et du sort de l'Asie;
Il y va de vos jours. Vous, mages, approchez;
Que ces chers monumens sous l'autel soient cachés.
(*La grande porte du palais s'ouvre et se remplit de gardes. Assur paraît avec sa suite d'un autre côté.*)

Déjà le palais s'ouvre; on entre chez la reine :
Vous voyez cet Assur, dont la grandeur hautaine
Traîne ici sur ses pas un peuple de flatteurs.
A qui, Dieu tout-puissant, donnez-vous les grandeurs?
O monstre.

ARZACE.
Quoi, Seigneur!

OROÈS.
Adieu. Quand la nuit sombre
Sur ces coupables murs viendra jeter son ombre,
Je pourrai vous parler en présence des dieux.
Redoutez-les, Arzace, ils ont sur vous les yeux.

SCÈNE IV.

ARZACE *sur le devant du théâtre, avec* MITRANE, *qui reste auprès de lui;* ASSUR *vers un des côtés, avec* CÉDAR *et sa suite.*

ARZACE.
De tout ce qu'il m'a dit que mon âme est émue!

ACTE I, SCÈNE IV.

Quels crimes! quelle cour! et qu'elle est peu connue.
Quoi! Ninus, quoi! mon maître est mort empoisonné!
Et je ne vois que trop qu'Assur est soupçonné.

MITRANE, *approchant d'Arzace.*

Des rois de Babylone Assur tient sa naissance;
Sa fière autorité veut de la déférence:
La reine le ménage, on craint de l'offenser;
Et l'on peut, sans rougir, devant lui s'abaisser.

ARZACE.

Devant lui?

ASSUR, *dans l'enfoncement, à Cédar.*

Me trompé-je? Arzace à Babylone!
Sans mon ordre! qui? lui! tant d'audace m'étonne.

ARZACE.

Quel orgueil!

ASSUR.

Approchez: quels intérêts nouveaux
Vous font abandonner vos camps et vos drapeaux?
Des rives de l'Oxus quel sujet vous amène?

ARZACE.

Mes services, Seigneur, et l'ordre de la reine.

ASSUR.

Quoi! la reine vous mande?

ARZACE.

Oui.

ASSUR.

Mais savez-vous bien
Que pour avoir son ordre on demande le mien?

ARZACE.

Je l'ignorais, Seigneur, et j'aurais pensé même
Blesser, en le croyant, l'honneur du diadème.
Pardonnez, un soldat est mauvais courtisan.
Nourri dans la Scythie, aux plaines d'Arbazan,
J'ai pu servir la cour et non pas la connaître.

ASSUR.

L'âge, le temps, les lieux, vous l'apprendront peut-être ;
Mais ici par moi seul au pied du trône admis,
Que venez-vous chercher près de Sémiramis ?

ARZACE.

J'ose lui demander le prix de mon courage,
L'honneur de la servir.

ASSUR.

   Vous osez davantage.
Vous ne m'expliquez pas vos vœux présomptueux :
Je sais pour Azéma vos desseins et vos feux.

ARZACE.

Je l'adore, sans doute, et son cœur où j'aspire
Est d'un prix à mes yeux au-dessus de l'empire :
Et mes profonds respects, mon amour....

ASSUR.

      Arrêtez.
Vous ne connaissez pas à qui vous insultez.
Qui, vous ! associer la race d'un Sarmate
Au sang des demi-dieux du Tigre et de l'Euphrate ?
Je veux bien par pitié vous donner un avis :
Si vous osez porter jusqu'à Sémiramis
L'injurieux aveu que vous osez me faire,

Vous m'avez entendu, frémissez, téméraire ;
Mes droits impunément ne sont pas offensés.

ARZACE.

J'y cours de ce pas même, et vous m'enhardissez :
C'est l'effet que sur moi fit toujours la menace.
Quels que soient en ces lieux les droits de votre place,
Vous n'avez pas celui d'outrager un soldat
Qui servit et la reine, et vous-même, et l'état.
Je vous parais hardi ; mon feu peut vous déplaire :
Mais vous me paraissez cent fois plus téméraire,
Vous qui, sous votre joug prétendant m'accabler,
Vous croyez assez grand pour me faire trembler.

ASSUR.

Pour vous punir peut-être ; et je vais vous apprendre
Quel prix de tant d'audace un sujet doit attendre.

ARZACE.

Tous deux nous l'apprendrons.

SCÈNE V.

SÉMIRAMIS *paraît dans le fond, appuyée sur ses femmes ;* OTANE, *son confident, va au-devant d'Assur ;* ASSUR, ARZACE, MITRANE.

OTANE.

       Seigneur, quittez ces lieux.
La reine en ce moment se cache à tous les yeux ;
Respectez les douleurs de son âme éperdue.
Dieux, retirez la main sur sa tête étendue.

ARZACE.

Que je la plains !

ASSUR, *à l'un des siens.*

Sortons; et, sans plus consulter,
De ce trouble inouï songeons à profiter.
(*Sémiramis avance sur la scène.*)

OTANE, *revenant à Sémiramis.*

O reine, rappelez votre force première;
Que vos yeux, sans horreur, s'ouvrent à la lumière.

SÉMIRAMIS.

O voiles de la mort, quand viendrez-vous couvrir
Mes yeux remplis de pleurs et lassés de s'ouvrir ?
(*Elle marche éperdue sur la scène, croyant voir l'ombre de Ninus.*)

Abîmes, fermez-vous ; fantôme horrible, arrête :
Frappe, ou cesse à la fin de menacer ma tête.
Arzace est-il venu?

OTANE.

Madame, en cette cour,
Arzace auprès du temple a devancé le jour.

SÉMIRAMIS.

Cette voix formidable, infernale, ou céleste,
Qui dans l'ombre des nuits pousse un cri si funeste,
M'avertit que le jour qu'Arzace doit venir
Mes douloureux tourmens seront prêts à finir.

OTANE.

Au sein de ces horreurs goûtez donc quelque joie :
Espérez dans ces dieux dont le bras se déploie.

SÉMIRAMIS.

Arzace est dans ma cour !... Ah ! je sens qu'à son nom
L'horreur de mon forfait trouble moins ma raison.

OTANE.

Perdez-en pour jamais l'importune mémoire;
Que de Sémiramis les beaux jours pleins de gloire
Effacent ce moment heureux ou malheureux
Qui d'un fatal hymen brisa le joug affreux.
Ninus en vous chassant de son lit et du trône,
En vous perdant, Madame, eût perdu Babylone.
Pour le bien des mortels vous prévîntes ses coups;
Babylone et la terre avaient besoin de vous :
Et quinze ans de vertus et de travaux utiles,
Les arides déserts par vous rendus fertiles,
Les sauvages humains soumis au frein des lois,
Les arts dans nos cités naissant à votre voix,
Ces hardis monumens que l'univers admire,
Les acclamations de ce puissant empire,
Sont autant de témoins dont le cri glorieux
A déposé sur vous au tribunal des dieux.
Enfin, si la justice emportait la balance,
Si la mort de Ninus excitait leur vengeance;
D'où vient qu'Assur ici brave en paix leur courroux ?
Assur fut en effet plus coupable que vous;
Sa main, qui prépara le breuvage homicide,
Ne tremble point pourtant, et rien ne l'intimide.

SÉMIRAMIS.

Nos destins, nos devoirs étaient trop différens ;
Plus les nœuds sont sacrés, plus les crimes sont grands.

J'étais épouse, Otane, et je suis sans excuse;
Devant les dieux vengeurs mon désespoir m'accuse.
J'avais cru que ces dieux justement offensés,
En m'arrachant mon fils m'avaient punie assez;
Que tant d'heureux travaux rendaient mon diadème,
Ainsi qu'au monde entier, respectable au Ciel même.
Mais depuis quelques mois ce spectre furieux
Vient affliger mon cœur, mon oreille, mes yeux.
Je me traîne à la tombe, où je ne puis descendre;
J'y révère de loin cette fatale cendre;
Je l'invoque en tremblant : des sons, des cris affreux,
De longs gémissemens répondent à mes vœux.
D'un grand événement je me vois avertie,
Et peut-être il est temps que le crime s'expie.

OTANE.

Mais est-il assuré que ce spectre fatal
Soit en effet sorti du séjour infernal?
Souvent de ces erreurs notre âme est obsédée;
De son ouvrage même elle est intimidée,
Croit voir ce qu'elle craint, et, dans l'horreur des nuits,
Voit enfin les objets qu'elle-même a produits.

SÉMIRAMIS.

Je l'ai vu; ce n'est point une erreur passagère
Qu'enfante du sommeil la vapeur mensongère;
Le sommeil, à mes yeux refusant ses douceurs,
N'a point sur mes esprits répandu ses erreurs.
Je veillais, je pensais au sort qui me menace,
Lorsqu'au bord de mon lit j'entends nommer Arzace.
Ce nom me rassurait : tu sais quel est mon cœur;

ACTE I, SCÈNE V.

Assur depuis un temps l'a pénétré d'horreur.
Je frémis quand il faut ménager mon complice :
Rougir devant ses yeux est mon premier supplice,
Et je déteste en lui cet avantage affreux,
Que lui donne un forfait qui nous unit tous deux.
Je voudrais.... mais faut-il, dans l'état qui m'opprime,
Par un crime nouveau punir sur lui mon crime?
Je demandais Arzace, afin de l'opposer
Au complice odieux qui pense m'imposer ;
Je m'occupais d'Arzace, et j'étais moins troublée.
Dans ces momens de paix, qui m'avaient consolée?
Ce ministre de mort a reparu soudain
Tout dégouttant de sang, et le glaive à la main :
Je crois le voir encor, je crois encor l'entendre.
Vient-il pour me punir? vient-il pour me défendre,
Arzace au moment même arrivait dans ma cour;
Le Ciel à mon repos a réservé ce jour :
Cependant toute en proie au trouble qui me tue,
La paix ne rentre point dans mon âme abattue.
Je passe à tout moment de l'espoir à l'effroi.
Le fardeau de la vie est trop pesant pour moi.
Mon trône m'importune, et ma gloire passée
N'est qu'un nouveau tourment de ma triste pensée.
J'ai nourri mes chagrins sans les manifester ;
Ma peur m'a fait rougir. J'ai craint de consulter
Ce mage révéré que chérit Babylone,
D'avilir devant lui la majesté du trône,
De montrer une fois en présence du Ciel
Sémiramis tremblante aux regards d'un mortel,

Mais j'ai fait en secret, moins fière ou plus hardie,
Consulter Jupiter aux sables de Libye,
Comme si, loin de nous, le Dieu de l'univers
N'eût mis la vérité qu'au fond de ces déserts.
Le dieu qui s'est caché dans cette sombre enceinte
A reçu dès long-temps mon hommage et ma crainte ;
J'ai comblé ses autels et de dons et d'encens.
Répare-t-on le crime, hélas, par des présens ?
De Memphis aujourd'hui j'attends une réponse.

SCÈNE VI.

SÉMIRAMIS, OTANE, MITRANE.

MITRANE.

Aux portes du palais en secret on annonce
Un prêtre de l'Égypte, arrivé de Memphis.

SÉMIRAMIS.

Je verrai donc mes maux ou comblés ou finis.
Allons, cachons surtout au reste de l'empire
Le trouble humiliant dont l'horreur me déchire ;
Et qu'Arzace, à l'instant à mon ordre rendu,
Puisse apporter le calme à ce cœur éperdu.

FIN DU PREMIER ACTE.

ACTE II.

SCÈNE PREMIÈRE.

ARZACE, A ZÉMAR.

AZÉMA.

Arzace, écoutez-moi, cet empire indompté
Vous doit son nouveau lustre, et moi, ma liberté.
Quand les Scythes vaincus, réparant leurs défaites,
S'élancèrent sur nous de leurs vastes retraites,
Quand mon père en tombant me laissa dans leurs fers,
Vous seul, portant la foudre au fond de leurs déserts,
Brisâtes mes liens, remplîtes ma vengeance.
Je vous dois tout ; mon cœur en est la récompense :
Je ne serai qu'à vous. Mais notre amour nous perd.
Votre cœur généreux, trop simple et trop ouvert,
A cru qu'en cette cour, ainsi qu'en votre armée,
Suivi de vos exploits et de la renommée,
Vous pouviez déployer, sincère impunément,
La fierté d'un héros, et le cœur d'un amant.
Vous outragez Assur, vous devez le connaître ;
Vous ne pouvez le perdre, il menace, il est maître,

Il abuse en ces lieux de son pouvoir fatal ;
Il est inexhorable.... il est votre rival.
ARZACE.
Il vous aime ! qui ? lui !
AZÉMA.
Ce cœur sombre et farouche,
Qui hait toute vertu, qu'aucun charme ne touche,
Ambitieux esclave, et tyran tour à tour,
S'est-il flatté de plaire, et connaît-il l'amour ?
Des rois assyriens comme lui descendue,
Et plus près de ce trône où je suis attendue,
Il pense, en m'immolant à ses secrets desseins,
Appuyer de mes droits ses droits trop incertains.
Pour moi, si Ninias, à qui, dès sa naissance,
Ninus m'avait donné aux jours de mon enfance ;
Si l'héritier du sceptre à moi seule promis
Voyait encor le jour près de Sémiramis ;
S'il me donnait son cœur avec le rang suprême,
J'en atteste l'amour, j'en jure par vous-même ;
Ninias me verrait préférer aujourd'hui
Un exil avec vous, à ce trône avec lui.
Les campagnes du Scythe, et ses climats stériles,
Pleins de votre grand nom, sont d'assez doux asiles ;
Le sein de ces déserts, où naquit notre amour,
Est pour moi Babylone, et deviendra ma cour.
Peut-être l'ennemi que cet amour outrage
A ce doux châtiment ne borne point sa rage.
J'ai démêlé son âme, et j'en vois la noirceur ;
Le crime, ou je me trompe, étonne peu son cœur.

Votre gloire déjà lui fait assez d'ombrage ;
Il vous craint, il vous hait.

ARZACE.

Je le hais davantage ;
Mais je ne le crains pas, étant aimé de vous.
Conservez vos bontés, je brave son courroux.
La reine entre nous deux tient au moins la balance.
Je me suis vu d'abord admis en sa présence ;
Elle m'a fait sentir, à ce premier accueil,
Autant d'humanité qu'Assur avait d'orgueil ;
Et relevant mon front, prosterné vers son trône,
M'a vingt fois appelé l'appui de Babylone.
Je m'entendais flatter de cette auguste voix
Dont tant de souverains ont adoré les lois ;
Je la voyais franchir cet immense intervalle
Qu'a mis entre elle et moi la majesté royale :
Que j'en étais touché ! qu'elle était à mes yeux,
La mortelle, après vous, la plus semblable aux dieux.

AZÉMA.

Si la reine est pour nous, Assur en vain menace ;
Je ne crains rien.

ARZACE.

J'allais, plein d'une noble audace,
Mettre à ses pieds mes vœux jusqu'à vous élevés,
Qui révoltent Assur, et que vous approuvez.
Un prêtre de l'Égypte approche au moment même,
Des oracles d'Ammon portant l'ordre suprême.
Elle ouvre le billet d'une tremblante main,
Fixe les yeux sur moi, les détourne soudain,

Laisse couler des pleurs, interdite, éperdue,
Me regarde, soupire, et s'échappe à ma vue.
On dit qu'au désespoir son grand cœur est réduit,
Que la terreur l'accable, et qu'un dieu la poursuit.
Je m'attendris sur elle; et je ne puis comprendre
Qu'après plus de quinze ans, soigneux de la défendre,
Le Ciel la persécute, et paraisse outragé.
Qu'a-t-elle fait aux dieux? d'où vient qu'ils ont changé?

AZÉMA.

On ne parle en effet que d'augures funestes,
De mânes en courroux, de vengeances célestes:
Sémiramis troublée a semblé quelques jours
Des soins de son empire abandonner le cours;
Et j'ai tremblé qu'Assur, en ces jours de tristesse,
Du palais effrayé n'accablât la faiblesse.
Mais la reine a paru, tout s'est calmé soudain;
Tout a senti le poids du pouvoir souverain.
Si déjà de la cour mes yeux ont quelque usage,
La reine hait Assur, l'observe, le ménage :
Ils se craignent l'un l'autre; et, tout près d'éclater,
Quelque intérêt secret semble les arrêter.
J'ai vu Sémiramis à son nom courroucée;
La rougeur de son front trahissait sa pensée;
Son cœur paraissait plein d'un long ressentiment:
Mais souvent à la cour tout change en un moment.
Retournez, et parlez.

ARZACE.

J'obéis; mais j'ignore
Si je puis à son trône être introduit encore :

AZÉMA.

Ma voix secondera vos vœux et votre espoir;
Je fais de vous aimer ma gloire et mon devoir.
Que de Sémiramis on adore l'empire,
Que l'Orient vaincu la respecte et l'admire,
Dans mon triomphe heureux j'envirai peu les siens.
Le monde est à ses pieds, mais Arzace est aux miens.
Allez. Assur paraît.

ARZACE.

Qui? ce traître? à sa vue
D'une invincible horreur je sens mon âme émue.

SCÈNE II.

ASSUR, CÉDAR, ARZACE, AZÉMA.

ASSUR, à Cédar.

Va, dis-je, et vois enfin si les temps sont venus
De lui porter des coups trop long-temps retenus.
(*Cédar sort.*)
Quoi! je le vois encore! il brave encor ma haine!

ARZACE.

Vous voyez un sujet protégé par sa reine.

ASSUR.

Elle a daigné vous voir : mais vous a-t-elle appris
De l'orgueil d'un sujet quel est le digne prix?
Savez-vous qu'Azéma, la fille de vos maîtres,
Ne doit unir son sang qu'au sang de ses ancêtres?
Et que de Ninias épouse en son berceau....

ARZACE.

Je sais que Ninias, Seigneur, est au tombeau,
Que son père avec lui mourut d'un coup funeste;
Il me suffit.

ASSUR.

Eh bien ! apprenez donc le reste.
Sachez que de Ninus le droit m'est assuré,
Qu'entre son trône et moi je ne vois qu'un degré;
Que la reine m'écoute, et souvent sacrifie
A mes justes conseils un sujet qui s'oublie,
Et que tous vos respects ne pourront effacer
Les téméraires vœux qui m'osaient offenser.

ARZACE.

Instruit à respecter le sang qui vous fit naître,
Sans redouter en vous l'autorité d'un maître,
Je sais ce qu'on vous doit, surtout en ces climats,
Et je m'en souviendrais, si vous n'en parliez pas.
Vos aïeux, dont Bélus a fondé la noblesse,
Sont votre premier droit au cœur de la princesse;
Vos intérêts présens, le soin de l'avenir,
Le besoin de l'état, tout semble vous unir.
Moi, contre tant de droits, qu'il me faut reconnaître,
J'ose en opposer un qui les vaut tous peut-être:
J'aime ; et j'ajouterais, Seigneur, que mon secours
A vengé ses malheurs, a défendu ses jours,
A soutenu ce trône où son destin l'appelle,
Si j'osais, comme vous, me vanter devant elle.
Je vais remplir son ordre à mon zèle commis;
Je n'en reçois que d'elle, et de Sémiramis.

L'état peut quelque jour être en votre puissance ;
Le Ciel donne souvent des rois dans sa vengeance :
Mais il vous trompe au moins dans l'un de vos projets,
Si vous comptez Arzace au rang de vos sujets.

ASSUR.

Tu combles la mesure, et tu cours à ta perte.

SCÈNE III.
ASSUR, AZÉMA.

ASSUR.

Madame, son audace est trop long-temps soufferte.
Mais puis-je en liberté m'expliquer avec vous
Sur un sujet plus noble et plus digne de nous?

AZÉMA.

En est-il? mais parlez.

ASSUR.

     Bientôt l'Asie entière
Sous vos pas et les miens ouvre une autre carrière :
Les faibles intérêts doivent peu nous frapper ;
L'univers nous appelle, et va nous occuper.
Sémiramis n'est plus que l'ombre d'elle-même ;
Le Ciel semble abaisser cette grandeur suprême :
Cet astre si brillant, si long-temps respecté,
Penche vers son déclin, sans force et sans clarté.
On le voit, on murmure, et déjà Babylone
Demande à haute voix un héritier du trône.
Ce mot en dit assez, vous connaissez mes droits :
Ce n'est point à l'amour à nous donner des rois.

Non qu'à tant de beautés mon âme inaccessible
Se fasse une vertu de paraître insensible ;
Mais pour vous et pour moi j'aurais trop à rougir
Si le sort de l'état dépendait d'un soupir ;
Un sentiment plus digne et de l'un et de l'autre
Doit gouverner mon sort, et commander au vôtre.
Vos aïeux sont les miens, et nous les trahissons,
Nous perdons l'univers, si nous nous divisons.
Je puis vous étonner ; cet austère langage
Effarouche aisément les grâces de votre âge ;
Mais je parle aux héros, aux rois dont vous sortez,
A tous ces demi-dieux que vous représentez.
Long-temps, foulant aux pieds leur grandeur et leur cendre,
Usurpant un pouvoir où nous devons prétendre,
Donnant aux nations ou des lois, ou des fers,
Une femme imposa silence à l'univers.
De sa grandeur qui tombe affermissez l'ouvrage ;
Elle eut votre beauté, possédez son courage.
L'amour à vos genoux ne doit se présenter
Que pour vous rendre un sceptre, et non pour vous l'ôter.
C'est ma main qui vous l'offre, et du moins je me flatte
Que vous n'immolez pas à l'amour d'un Sarmate
La majesté d'un nom qu'il vous faut respecter,
Et le trône du monde, où vous devez monter.

AZÉMA.

Reposez-vous sur moi, sans insulter Arzace,
Du soin de maintenir la splendeur de ma race.

ACTE II, SCÈNE III.

Je défendrai surtout, quand il en sera temps,
Les droits que m'ont transmis les rois dont je descends!
Je connais nos aïeux; mais après tout j'ignore
Si parmi ces héros que l'Assyrie adore,
Il en est un plus grand, plus chéri des humains,
Que ce même Sarmate, objet de vos dédains.
Aux vertus, croyez-moi, rendez plus de justice.
Pour moi, quand il faudra que l'hymen m'asservisse,
C'est à Sémiramis à faire mes destins;
Et j'attendrai, Seigneur, un maître de ses mains.
J'écoute peu ces bruits que le peuple répète,
Échos tumultueux d'une voix plus secrète.
J'ignore si vos chefs, aux révoltes poussés,
De servir une femme en secret sont lassés;
Je les vois à ses pieds baisser leur tête altière;
Ils peuvent murmurer, mais c'est dans la poussière.
Les dieux, dit-on, sur elle ont étendu leur bras:
J'ignore son offense, et je ne pense pas,
Si le Ciel a parlé, Seigneur, qu'il vous choisisse
Pour annoncer son ordre, et servir sa justice.
Elle règne, en un mot. Et vous, qui gouvernez,
Vous prenez à ses pieds les lois que vous donnez;
Je ne connais ici que son pouvoir suprême:
Ma gloire est d'obéir; obéissez de même.

SCÈNE IV.

ASSUR, CÉDAR.

ASSUR.

Obéir ! ah ! ce mot fait trop rougir mon front ;
J'en ai trop dévoré l'insupportable affront.
Parle, as-tu réussi ? Ces semences de haine,
Que nos soins en secret cultivaient avec peine,
Pourront-elles porter, au gré de ma fureur,
Les fruits que j'en attends de discorde et d'horreur ?

CÉDAR.

J'ose espérer beaucoup. Le peuple enfin commence
A sortir du respect, et de ce long silence
Où le nom, les exploits, l'art de Sémiramis,
Ont enchaîné les cœurs étonnés et soumis.
On veut un successeur au trône d'Assyrie ;
Et quiconque, Seigneur, aime encor la patrie,
Ou qui, gagné par moi, se vante de l'aimer,
Dit qu'il nous faut un maître, et qu'il faut vous nommer.

ASSUR.

Chagrins toujours cuisans ! honte toujours nouvelle !
Quoi ! ma gloire, mon rang, mon destin dépend d'elle !
Quoi ! j'aurais fait mourir et Ninus et son fils,
Pour ramper le premier devant Sémiramis,
Pour languir, dans l'éclat d'une illustre disgrâce,
Près du trône du monde à la seconde place !
La reine se bornait à la mort d'un époux ;
Mais j'étendis plus loin ma fureur et mes coups :

Ninias, en secret privé de la lumière,
Du trône où j'aspirais m'entr'ouvrait la barrière,
Quand sa puissante main la ferma sous mes pas.
C'est en vain que, flattant l'orgueil de ses appas,
J'avais cru chaque jour prendre sur sa jeunesse
Cet h ureux ascendant que les soins, la souplesse,
L'attention, le temps, savent si bien donner
Sur un cœur sans dessein, facile à gouverner.
Je connus mal cette âme, inflexible et profonde :
Rien ne la put toucher que l'empire du monde.
Elle en parut trop digne, il le faut avouer :
Je suis dans mes fureurs contraint à la louer.
Je la vis retenir dans ses mains assurées
De l'état chancelant les rênes égarées,
Apaiser le murmure, étouffer les complots,
Gouverner en monarque, et combattre en héros.
Je la vis captiver et le peuple et l'armée.
Ce grand art d'imposer même à la renommée
Fut l'art qui sous son joug enchaîna les esprits :
L'univers à ses pieds demeure encor surpris.
Que dis-je? sa beauté, ce flatteur avantage,
Fit adorer les lois qu'imposa son courage ;
Et, quand dans mon dépit j'ai voulu conspirer,
Mes amis consternés n'ont su que l'admirer.

CÉDAR.

Ce charme se dissipe, et ce pouvoir chancelle ;
Son génie égaré semble s'éloigner d'elle.
Un vain remords la trouble ; et sa crédulité
A depuis quelque temps en secret consulté

Ces oracles menteurs d'un temple méprisable,
Que les fourbes d'Égypte ont rendu vénérable.
Son encens et ses vœux fatiguent les autels ;
Elle devient semblable au reste des mortels :
Elle a connu la crainte.

ASSUR.

Accablons sa faiblesse.
Je ne puis m'élever qu'autant qu'elle s'abaisse.
De Babylone au moins j'ai fait parler la voix :
Sémiramis enfin va céder une fois.
Ce premier coup porté, sa ruine est certaine.
Me donner Azéma, c'est cesser d'être reine;
Oser me refuser, soulève ses états ;
Et de tous les côtés le piége est sous ses pas
Mais peut-être, après tout, quand je crois la surprendre,
J'ai lassé ma fortune à force de l'attendre.

CÉDAR.

Si la reine vous cède et nomme un héritier,
Assur de son destin peut-il se défier?
De vous et d'Azéma l'union désirée
Rejoindra de nos rois la tige séparée.
Tout vous porte à l'empire, et tout parle pour vous.

ASSUR.

Pour Azéma sans doute il n'est point d'autre époux
Mais pourquoi de si loin faire venir Arzace ?
Elle a favorisé son insolente audace.
Tout prêt à le punir, je me vois retenu
Par cette même main dont il est soutenu.

Prince, mais sans sujets, ministre et sans puissance,
Environné d'honneurs, et dans la dépendance,
Tout m'afflige, une amante, un jeune audacieux,
Des prêtres consultés qui font parler leurs dieux,
Sémiramis enfin toujours en défiance,
Qui me ménage à peine, et qui craint ma présence.
Nous verrons si l'ingrate avec impunité
Ose pousser à bout un complice irrité.

(*Il veut sortir.*)

SCÈNE V.

ASSUR, OTANE, CÉDAR.

OTANE.

Seigneur, Sémiramis vous ordonne d'attendre;
Elle veut en secret vous voir et vous entendre,
Et de cet entretien qu'aucun ne soit témoin.

ASSUR.

A ses ordres sacrés j'obéis avec soin,
Otane, et j'attendrai sa volonté suprême.

SCÈNE VI.

ASSUR, CÉDAR.

ASSUR.

Eh! d'où peut donc venir ce changement extrême?
Depuis près de trois mois, je lui semble odieux,
Mon aspect importun lui fait baisser les yeux.
Toujours quelque témoin nous voit et nous écoute.

De nos froids entretiens, qui lui pèsent sans doute,
Ses soudaines frayeurs interrompent le cours;
Son silence souvent répond à mes discours.
Que veut-elle me dire? ou que veut-elle apprendre?
Elle avance vers nous; c'est elle. Va m'attendre.

SCÈNE VII.

SÉMIRAMIS, ASSUR.

SÉMIRAMIS.

Seigneur, il faut enfin que je vous ouvre un cœur
Qui long-temps devant vous dévora sa douleur.
J'ai gouverné l'Asie, et peut-être avec gloire;
Peut-être Babyloné, honorant ma mémoire,
Mettra Sémiramis à côté des grands rois.
Vos mains de mon empire ont soutenu le poids.
Partout victorieuse, absolue, adorée,
De l'encens des humains je vivais enivrée:
Tranquille, j'oubliai, sans crainte et sans ennuis,
Quel degré m'éleva dans ce rang où je suis.
Des dieux dans mon bonheur j'oubliai la justice;
Elle parle, je cède: et ce grand édifice,
Que je crus à l'abri des outrages du temps,
Veut être raffermi jusqu'en ses fondemens.

ASSUR.

Madame, c'est à vous d'achever votre ouvrage,
De commander au temps, de prévoir son outrage.
Qui pourrait obscurcir des jours si glorieux?
Quand la terre obéit, que craignez-vous des dieux?

ACTE II, SCÈNE VII.

SÉMIRAMIS.

La cendre de Ninus repose en cette enceinte,
Et vous me demandez le sujet de ma crainte?
Vous!

ASSUR.

Je vous avoûrai que je suis indigné
Qu'on se souvienne encor si Ninus a régné.
Craint-on après quinze ans ses mânes en colère?
Ils se seraient vengés, s'ils avaient pu le faire.
D'un éternel oubli ne tirez point les morts.
Je suis épouvanté, mais c'est de vos remords.
Ah! ne consultez point d'oracles inutiles:
C'est par la fermeté qu'on rend les dieux faciles.
Ce fantôme inouï qui paraît en ce jour,
Qui naquit de la crainte et l'enfante à son tour,
Peut-il vous effrayer par tous ses vains prestiges?
Pour qui ne les craint point, il n'est point de prodiges?
Ils sont l'appât grossier des peuples ignorans,
L'invention du fourbe et le mépris des grands.
Mais si quelque intérêt plus noble et plus solide
Éclaire votre esprit qu'un vain trouble intimide,
S'il vous faut de Bélus éterniser le sang,
Si la jeune Azéma prétend à ce haut rang....

SÉMIRAMIS.

Je viens vous en parler. Ammon et Babylone
Demandent sans détour un héritier du trône.
Il faut que de mon sceptre on partage le faix,
Et le peuple et les dieux vont être satisfaits.
Vous le savez assez, mon superbe courage

S'était fait une loi de régner sans partage :
Je tins sur mon hymen l'univers en suspens ;
Et quand la voix du peuple, à la fleur de mes ans,
Cette voix qu'aujourd'hui le Ciel même seconde,
Me pressait de donner des souverains au monde:
Si quelqu'un put prétendre au nom de mon époux,
Cet honneur, je le sais, n'appartenait qu'à vous ;
Vous deviez l'espérer : mais vous pûtes connaître
Combien Sémiramis craignait d'avoir un maître.
Je vous fis, sans former un lien si fatal,
Le second de la terre, et non pas mon égal.
C'était assez, Seigneur ; et j'ai l'orgueil de croire
Que ce rang aurait pu suffir à votre gloire.
Le Ciel me parle enfin ; j'obéis à sa voix :
Écoutez son oracle, et recevez mes lois.
« Babylone doit prendre une face nouvelle,
« Quand d'un second hymen allumant le flambeau,
« Mère trop malheureuse, épouse trop cruelle,
« Tu calmeras Ninus au fond de son tombeau. »
C'est ainsi que des dieux l'ordre éternel s'explique.
Je connais vos desseins et votre politique ;
Vous voulez dans l'état vous former un parti ;
Vous m'opposez le sang dont vous êtes sorti.
De vous et d'Azéma mon successeur peut naître ;
Vous briguez cet hymen, elle y prétend peut-être.
Mais moi, je ne veux pas que vos droits et les siens,
Ensemble confondus, s'arment contre les miens :
Telle est ma volonté, constante, irrévocable.
C'est à vous de juger si le dieu qui m'accable

A laissé quelque force à mes sens interdits,
Si vous reconnaissez encor Sémiramis,
Si je puis soutenir la majesté du trône.
Je vais donner, Seigneur, un maître à Babylone.
Mais soit qu'un si grand choix honore un autre ou vous,
Je serai souveraine en prenant un époux.
Assemblez seulement les princes et les mages ;
Qu'ils viennent à ma voix joindre ici leurs suffrages.
Le don de mon empire et de ma liberté
Est l'acte le plus grand de mon autorité ;
Loin de le prévenir, qu'on l'attende en silence.
Le Ciel à ce grand jour attache sa clémence ;
Tout m'annonce des dieux qui daignent se calmer,
Mais c'est le repentir qui doit les désarmer.
Croyez-moi ; les remords, à vos yeux méprisables,
Sont la seule vertu qui reste à des coupables.
Je vous parais timide et faible ; désormais
Connaissez la faiblesse, elle est dans les forfaits.
Cette crainte n'est pas honteuse au diadème ;
Elle convient aux rois, et surtout à vous-même :
Et je vous apprendrai qu'on peut, sans s'avilir,
S'abaisser sous les dieux, les craindre, et les servir.

SCÈNE VIII.

ASSUR, *seul*.

Quels discours étonnans ! quels projets ! quel langage !
Est-ce crainte, artifice, ou faiblesse, ou courage ?

Prétend-elle, en cédant, raffermir ses destins?
Et s'unit-elle à moi pour tromper mes desseins?
A l'hymen d'Azéma je ne dois point prétendre!
C'est m'assurer du sien que je dois seul attendre.
Ce que n'ont pu mes soins et nos communs forfaits,
L'hommage dont jadis je flattai ses attraits,
Mes brigues, mon dépit, la crainte de sa chute,
Un oracle d'Égypte, un songe l'exécute!
Quel pouvoir inconnu gouverne les humains!
Que de faibles ressorts font d'illustres destins!
Doutons encor de tout; voyons encor la reine.
Sa résolution me paraît trop soudaine;
Trop de soins à mes yeux paraissent l'occuper :
Et qui change aisément est faible, ou veut tromper.

FIN DU SECOND ACTE.

ACTE III.

(*Le théâtre représente un cabinet du palais.*)

SCÈNE PREMIÈRE.

SÉMIRAMIS, OTANE.

SÉMIRAMIS.

Otane, qui l'eût cru, que les dieux en colère
Me tendaient en effet une main salutaire,
Qu'ils ne m'épouvantaient que pour se désarmer?
Ils ont ouvert l'abîme, et l'ont daigné fermer :
C'est la foudre à la main qu'ils m'ont donné ma grâce;
Ils ont changé mon sort, ils ont conduit Arzace,
Ils veulent mon hymen ; ils veulent expier,
Par ce lien nouveau, les crimes du premier.
Non, je ne doute plus que des cœurs ils disposent :
Le mien vole au-devant de la loi qu'ils m'imposent.
Arzace, c'en est fait, je me rends, et je voi
Que tu devais régner sur le monde et sur moi.

OTANE.

Arzace, lui?

SÉMIRAMIS.

Tu sais qu'aux plaines de Scythie,
Quand je vengeais la Perse et subjuguais l'Asie,
Ce héros (sous son père il combattait alors),
Ce héros, entouré de captifs et de morts,
M'offrit en rougissant, de ses mains triomphantes,
Des ennemis vaincus les dépouilles sanglantes.
A son premier aspect tout mon cœur étonné
Par un pouvoir secret se sentit entraîné;
Je n'en pus affaiblir le charme inconcevable,
Le reste des mortels me sembla méprisable.
Assur, qui m'observait, ne fut que trop jaloux;
Dès lors le nom d'Arzace aigrissait son courroux :
Mais l'image d'Arzace occupa ma pensée,
Avant que de nos dieux la main ne l'eût tracée,
Avant que cette voix qui commande à mon cœur
Me désignât Arzace, et nommât mon vainqueur.

OTANE.

C'est beaucoup abaisser ce superbe courage
Qui des maîtres du Gange a dédaigné l'hommage,
Qui, n'écoutant jamais de faibles sentimens,
Veut des rois pour sujets et non pas pour amans.
Vous avez méprisé jusqu'à la beauté même,
Dont l'empire accroissait votre empire suprême;
Et vos yeux sur la terre exerçaient leur pouvoir,
Sans que vous daignassiez vous en apercevoir.
Quoi! de l'amour enfin connaissez-vous les charmes?
Et pouvez-vous passer de ces sombres alarmes
Au tendre sentiment qui vous parle aujourd'hui?

SÉMIRAMIS.

Non, ce n'est point l'amour qui m'entraîne vers lui :
Mon âme par les yeux ne peut être vaincue.
Ne crois pas qu'à ce point de mon rang descendue,
Écoutant dans mon trouble un charme suborneur,
Je donne à la beauté le prix de la valeur ;
Je crois sentir du moins de plus nobles tendresses.
Malheureuse ! est-ce à moi d'éprouver des faiblesses,
De connaître l'amour et ses fatales lois ?
Otane, que veux-tu ? je fus mère autrefois ;
Mes malheureuses mains à peine cultivèrent
Ce fruit d'un triste hymen que les dieux m'enlevèrent.
Seule, en proie aux chagrins qui venaient m'alarmer,
N'ayant autour de moi rien que je pusse aimer,
Sentant ce vide affreux de ma grandeur suprême,
M'arrachant à ma cour et m'évitant moi-même,
J'ai cherhé le repos dans ces grands monumens,
D'une âme qui se fuit trompeurs amusemens.
Le repos m'échappait ; je sens que je le trouve :
Je m'étonne en secret du charme que j'éprouve ;
Arzace me tient lieu d'un époux et d'un fils,
Et de tous mes travaux, et du monde soumis.
Que je vous dois d'encens, ô puissance céleste,
Qui, me forçant de prendre un joug jadis funeste,
Me préparez au nœud que j'avais abhorré,
En m'embrasant d'un feu par vous-même inspiré !

OTANE.

Mais vous avez prévu la douleur et la rage
Dont va frémir Assur à ce nouvel outrage ;

Car enfin il se flatte, et la commune voix
A fait tomber sur lui l'honneur de votre choix :
Il ne bornera pas son dépit à se plaindre.

SÉMIRAMIS.

Je ne l'ai point trompé, je ne veux pas le craindre.
J'ai su quinze ans entiers, quel que fût son projet,
Le tenir dans le rang de mon premier sujet :
A son ambition, pour moi toujours suspecte,
Je prescrivis quinze ans les bornes qu'il respecte.
Je régnais seule alors : et si ma faible main
Mit à ses vœux hardis ce redoutable frein,
Que pourront désormais sa brigue et son audace
Contre Sémiramis unie avec Arzace ?
Oui, je crois que Ninus, content de mes remords,
Pour presser cet hymen quitte le sein des morts.
Sa grande ombre en effet, déjà trop offensée,
Contre Sémiramis serait trop courroucée ;
Elle verrait donner, avec trop de douleur,
Sa couronne et son lit à son empoisonneur.
Du sein de son tombeau voilà ce qui l'appelle ;
Les oracles d'Ammon s'accordent avec elle ;
La vertu d'Oroès ne me fait plus trembler ;
Pour entendre mes lois je l'ai fait appeler ;
Je l'attends.

OTANE.

Son crédit, son sacré caractère,
Peut appuyer le choix que vous prétendez faire.

SÉMIRAMIS.

Sa voix achèvera de rassurer mon cœur.

OTANE.

Il vient.

SCÈNE II.

SÉMIRAMIS, OROÈS.

SÉMIRAMIS.
De Zoroastre auguste successeur,
Je vais nommer un roi; vous, couronnez sa tête.
Tout est-il préparé pour cette auguste fête?
OROÈS.
Les mages et les grands attendent votre choix;
Je remplis mon devoir et j'obéis aux rois :
Le soin de les juger n'est point notre partage;
C'est celui des dieux seuls.
SÉMIRAMIS.
A ce sombre langage
On dirait qu'en secret vous condamnez mes vœux.
OROÈS.
Je ne les connais pas; puissent-ils être heureux!
SÉMIRAMIS.
Mais vous interprétez les volontés célestes.
Ces signes que j'ai vus me seraient-ils funestes?
Une ombre, un dieu peut-être, à mes yeux s'est montré;
Dans le sein de la terre il est soudain rentré.
Quel pouvoir a brisé l'éternelle barrière
Dont le Ciel sépara l'enfer et la lumière?
D'où vient que les humains, malgré l'arrêt du sort,

Reviennent à mes yeux du séjour de la mort?
OROÈS.
Du Ciel, quand il le faut, la justice suprême
Suspend l'ordre éternel établi par lui-même;
Il permet à la mort d'interrompre ses lois
Pour l'effroi de la terre et l'exemple des rois.
SÉMIRAMIS.
Les oracles d'Ammon veulent un sacrifice.
OROÈS.
Il se fera, Madame.
SÉMIRAMIS.
     Éternelle justice,
Qui lisez dans mon âme avec des yeux vengeurs,
Ne la remplissez plus de nouvelles horreurs;
De mon premier hymen oubliez l'infortune.
 (*A Oroès, qui s'éloignait.*)
Revenez.
OROÈS, *revenant.*
   Je croyais ma présence importune.
SÉMIRAMIS.
Répondez: ce matin au pied de vos autels
Arzace a présenté des dons à l'immortel?
OROÈS.
Oui! ces dons leur sont chers; Arzace a su leur plaire.
SÉMIRAMIS.
Je le crois, et ce mot me rassure et m'éclaire.
Puis-je d'un sort heureux me reposer sur lui?
OROÈS.
Arzace de l'empire est le plus digne appui;

Les dieux l'ont amené; sa gloire est leur ouvrage.
SÉMIRAMIS.
J'accepte avec transport ce fortuné présage;
L'espérance et la paix reviennent me calmer.
Allez; qu'un pur encens recommence à fumer.
De vos mages, de vous, que la présence auguste
Sur l'hymen le plus grand, sur le choix le plus juste,
Attire de nos dieux les regards souverains.
Puissent de cet état les éternels destins
Reprendre avec les miens une splendeur nouvelle!
Hâtez de ce beau jour la pompe solennelle.
Allez.

SCÈNE III.

SÉMIRAMIS, OTANE.

SÉMIRAMIS.
Ainsi le Ciel est d'accord avec moi;
Je suis son interprète en choisissant un roi.
Que je vais l'étonner par le don d'un empire!
Qu'il est loin d'espérer ce moment où j'aspire!
Qu'Assur et tous les siens vont être humiliés!
Quand j'aurai dit un mot, la terre est à ses pieds.
Combien à mes bontés il faudra qu'il réponde!
Je l'épouse, et pour dot je lui donne le monde.
Enfin ma gloire est pure, et je puis la goûter.

SCÈNE IV.

SÉMIRAMIS, OTANE, MITRANE, un officier du palais.

OTANE.

Arzace à vos genoux demande à se jeter :
Daignez à ses douleurs accorder cette grâce.

SÉMIRAMIS.

Quel chagrin près de moi peut occuper Arzace?
De mes chagrins lui seul a dissipé l'horreur :
Qu'il vienne; il ne sait pas ce qu'il peut sur mon cœur.
Vous dont le sang s'apaise, et dont la voix m'inspire,
O mânes redoutés, et vous, dieux de l'empire,
Dieux des Assyriens, de Ninus, de mon fils,
Pour le favoriser soyez tous réunis.
Quel trouble en le voyant m'a soudain pénétrée!

SCÈNE V.

SÉMIRAMIS, ARZACE, AZÉMA.

ARZACE.

O reine, à vous servir ma vie est consacrée :
Je vous devais mon sang; et quand je l'ai versé,
Puisqu'il coula pour vous, je fus récompensé.
Mon père avait joui de quelque renommée,
Mes yeux l'ont vu mourir commandant votre armée :
Il a laissé, Madame, à son malheureux fils
Des exemples frappans, peut-être mal suivis.

Je n'ose devant vous rappeler la mémoire
Des services d'un père et de sa faible gloire,
Qu'afin d'obtenir grâce à vos sacrés genoux
Pour un fils téméraire, et coupable envers vous,
Qui, de ses vœux hardis écoutant l'imprudence,
Craint même en vous servant, de vous faire une offense.

SÉMIRAMIS.

Vous, m'offenser? qui, vous? ah? ne le craignez pas.

ARZACE.

Vous donnez votre main, vous donnez vos états.
Sur ces grands intérêts, sur ce choix que vous faites,
Mon cœur doit renfermer ses plaintes indiscrètes :
Je dois dans le silence, et le front prosterné,
Attendre avec cent rois qu'un roi nous soit donné.
Mais d'Assur hautement le triomphe s'apprête;
D'un pas audacieux il marche à sa conquête,
Le peuple nomme Assur; il est de votre sang;
Puisse-t-il mériter et son nom et son rang!
Mais enfin je me sens l'âme trop élevée
Pour adorer ici la main que j'ai bravée,
Pour me voir écraser de son orgueil jaloux.
Souffrez que loin de lui, malgré moi loin de vous,
Je retourne aux climats où je vous ai servie.
J'y suis assez puissant contre sa tyrannie,
Si des bienfaits nouveaux dont j'ose me flatter....

SÉMIRAMIS.

Ah! que m'avez-vous dit? vous, fuir! vous, me quitter!
Vous pourriez craindre Assur?

SÉMIRAMIS.

ARZACE.

Non; ce cœur téméraire
Craint dans le monde entier votre seule colère.
Peut-être avez-vous su mes désirs orgueilleux;
Votre indignation peut confondre mes vœux.
Je tremble.

SÉMIRAMIS.

Espérez tout; je vous ferai connaître
Qu'Assur en aucun temps ne sera votre maître.

ARZACE.

Eh bien ! je l'avoûrai, mes yeux avec horreur
De votre époux en lui verraient le successeur.
Mais s'il ne peut prétendre à ce grand hyménée,
Verra-t-on à ses lois Azéma destinée?
Pardonnez à l'excès de ma présomption;
Ne redoutez-vous point sa sourde ambition ?
Jadis à Ninias Azéma fut unie;
C'est dans le même sang qu'Assur puisa la vie;
Je ne suis qu'un sujet, mais j'ose contre lui....

SÉMIRAMIS.

Des sujets tels que vous sont mon plus noble appui.
Je sais vos sentimens; votre âme peu commune
Chérit Sémiramis, et non pas ma fortune.
Sur mes vrais intérêts vos yeux sont éclairés;
Je vous en fais l'arbitre, et vous les soutiendrez.
D'Assur et d'Azéma je romps l'intelligence;
J'ai prévu les dangers d'une telle alliance;
Je sais tous ses projets, ils seront confondus.

ACTE III, SCÈNE V.

ARZACE.

Ah! puisqu'ainsi mes vœux sont par vous entendus,
Puisque vous avez lu dans le fond de mon âme....

AZÉMA *arrive avec précipitation.*

Reine, j'ose à vos pieds...

SÉMIRAMIS, *relevant Azéma.*

Rassurez-vous, Madame,
Quel que soit mon époux, je vous garde en ces lieux
Un sort et des honneurs dignes de vos aïeux.
Destinée à mon fils, vous m'êtes toujours chère,
Et je vous vois encore avec des yeux de mère.
Placez-vous l'un et l'autre avec ceux que ma voix
A nommés pour témoins de mon auguste choix.

A Arzace.

Que l'appui de l'état se range auprès du trône.

SCÈNE VI.

(*Le cabinet où était Sémiramis fait place à un grand
salon magnifiquement orné. Plusieurs officiers, avec
les marques de leurs dignités, sont sur des gradins.
Un trône est placé au milieu du salon. Les satrapes
sont auprès du trône. Le grand-prêtre entre avec
les mages. Il se place debout entre Assur et Arzace.
La reine est au milieu avec Azéma et ses femmes.
Des gardes occupent le fond du salon.*)

OROÈS.

Princes, mages, guerriers, soutiens de Babylone,
Par l'ordre de la reine en ces lieux rassemblés,

Les décrets de nos dieux vous seront révélés :
Ils veillent sur l'empire ; et voici la journée
Qu'à de grands changemens ils avaient destinée.
Quel que soit le monarque et quel que soit l'époux
Que la reine ait choisi pour l'élever sur nous,
C'est à nous d'obéir.... J'apporte au nom des mages
Ce que je dois aux rois, des vœux et des hommages,
Des souhaits pour leur gloire, et surtout pour l'état.
Puissent ces jours nouveaux de grandeur et d'éclat
N'être jamais changés en des jours de ténèbres,
Ni ces chants d'allégresse en des plaintes funèbres !

AZÉMA.

Pontife, et vous, Seigneurs, on va nommer un roi :
Ce grand choix quel qu'il soit, peut n'offenser que moi.
Mais je naquis sujette, et je le suis encore ;
Je m'abandonne aux soins dont la reine m'honore,
Et, sans oser prévoir un sinistre avenir,
Je donne à ses sujets l'exemple d'obéir.

ASSUR.

Quoi qu'il puisse arriver, quoi que le Ciel décide,
Que le bien de l'état à ce grand jour préside.
Jurons tous par ce trône, et par Sémiramis,
D'être à ce choix auguste aveuglément soumis,
D'obéir sans murmure au gré de sa justice.

ARZACE.

Je le jure ; et ce bras armé pour son service,
Ce cœur à qui sa voix commande après les dieux,
Ce sang dans les combats répandu sous ses yeux,
Sont à mon nouveau maître avec le même zèle

Qui sans se démentir les anima pour elle.
OROÈS.
De la reine et des dieux j'attends les volontés.
SÉMIRAMIS.
Il suffit; prenez place; et vous, peuple, écoutez.
(Elle s'assied sur le trône.)
Azéma, Assur, le grand-prêtre, Arzace, prennent leur place; elle continue :

Si la terre, quinze ans de ma gloire occupée,
Révéra dans ma main le sceptre avec l'épée,
Dans cette même main qu'un usage jaloux
Destinait au fuseau sous les lois d'un époux;
Si j'ai, de mes sujets surpassant l'espérance,
De cet empire heureux porté le poids immense,
Je vais le partager pour le mieux maintenir,
Pour étendre sa gloire aux siècles à venir,
Pour obéir aux dieux dont l'ordre irrévocable
Fléchit ce cœur altier si long-temps indomptable.
Ils m'ont ôté mon fils; puissent-ils m'en donner
Qui, dignes de me suivre et de vous gouverner,
Marchant dans les sentiers que fraya mon courage,
Des grandeurs de mon règne éternisent l'ouvrage!
J'ai pu choisir, sans doute, entre des souverains;
Mais ceux dont les états entourent mes confins,
Ou sont mes ennemis, ou sont mes tributaires :
Mon sceptre n'est point fait pour leurs mains étrangères,
Et mes premiers sujets sont plus grands à mes yeux
Que tous ces rois vaincus par moi-même ou par eux.

Bélus naquit sujet ; s'il eut le diadème,
Il le dut à ce peuple, il le dut à lui-même.
J'ai par les mêmes droits le sceptre que je tiens.
Maîtresse d'un état plus vaste que les siens,
J'ai rangé sous vos lois vingt peuples de l'aurore,
Qu'au siècle de Bélus on ignorait encore.
Tout ce qu'il entreprit je le sus achever.
Ce qui fonde un état le peut seul conserver.
Il vous faut un héros digne d'un tel empire,
Digne de tels sujets, et, si j'ose le dire,
Digne de cette main qui va le couronner,
Et du cœur indompté que je vais lui donner.
J'ai consulé les lois, les maîtres du tonnerre,
L'intérêt de l'état, l'intérêt de la terre :
Je fais le bien du monde en nommant un époux.
Adorez le héros qui va régner sur vous ;
Voyez revivre en lui les princes de ma race.
Ce héros, cet époux, ce monarque est Arzace.
(*Elle descend du trône, et tout le monde se lève.*)
AZÉMA.
Arzace ! ô perfidie !
ASSUR.
O vengeance ! ô fureurs !
ARZACE, *à Azéma.*
Ah ! croyez....
OROÈS.
Juste Ciel ! écartez ces horreurs !
SÉMIRAMIS, *avançant sur la scène, et s'adressant aux mages.*
Vous qui sanctifiez de si pures tendresses,

ACTE III, SCÈNE VI.

Venez sur les autels garantir nos promesses;
Ninus et Ninias vous sont rendus en lui.
(*Le tonnerre gronde, et le tombeau paraît s'ébranler.*)
Ciel, qu'est-ce que j'entends?

OROÈS.

Dieux! soyez notre appui.

SÉMIRAMIS.

Le Ciel tonne sur nous : est-ce faveur ou haine?
Grâce! dieux tout-puissans! qu'Arzace me l'obtienne.
Quels funèbres accens redoublent mes terreurs!
La tombe s'est ouverte : il paraît... Ciel!... je meurs....
(*L'ombre de Ninus sort de son tombeau.*)

ASSUR.

L'ombre de Ninus même! ô dieux! est-il possible?

ARZACE.

Eh bien! qu'ordonnes-tu? parle-nous, dieu terrible.

ASSUR.

Parle.

SÉMIRAMIS.

Veux-tu me perdre? ou veux-tu pardonner?
C'est ton sceptre et ton lit que je viens de donner;
Juge si ce héros est digne de ta place.
Prononce; j'y consens.

L'OMBRE, *à Arzace.*

Tu régneras, Arzace;
Mais il est des forfaits que tu dois expier.
Dans ma tombe, à ma cendre il faut sacrifier.
Sers et mon fils et moi; souviens-toi de ton père :
Écoute le pontife.

ARZACE.
Ombre que je révère,
Demi-dieu dont l'esprit anime ces climats,
Ton aspect m'encourage et ne m'étonne pas.
Oui, j'irai dans ta tombe au péril de ma vie.
Achève ; que veux-tu que ma main sacrifie ?
(*L'Ombre retourne de son estrade à la porte du tombeau.*)
Il s'éloigne, il nous fuit !

SÉMIRAMIS.
Ombre de mon époux,
Permets qu'en ce tombeau j'embrasse tes genoux,
Que mes regrets....

L'OMBRE, *à la porte du tombeau.*
Arrête, et respecte ma cendre ;
Quand il en sera temps, je t'y ferai descendre.
(*Le spectre rentre, et le mausolée se referme.*)

ASSUR.
Quel horrible prodige !

SÉMIRAMIS.
O peuples, suivez-moi ;
Venez tous dans ce temple, et calmez votre effroi.
Les mânes de Ninus ne sont point implacables ;
S'ils protégent Arzace, ils me sont favorables :
C'est le Ciel qui m'inspire et qui vous donne un roi ;
Venez tous l'implorer pour Arzace et pour moi.

FIN DU TROISIÈME ACTE.

ACTE IV.

(*Le théâtre représente le vestibule du temple.*)

SCÈNE PREMIÈRE.

ARZACE, AZÉMA.

ARZACE.

N'irritez point mes maux ; ils m'accablent assez.
Cet oracle est affreux plus que vous ne pensez.
Des prodiges sans nombre étonnent la nature.
Le Ciel m'a tout ravi ; je vous perds.

AZÉMA.

Ah ! parjure !
Va, cesse d'ajouter aux horreurs de ce jour
L'indigne souvenir de ton perfide amour.
Je ne combattrai point la main qui te couronne,
Les morts qui t'ont parlé, ton cœur qui m'abandonne.
Des prodiges nouveaux qui me glacent d'effroi,
Ta barbare inconstance est le plus grand pour moi.
Achève ; rends Ninus à ton crime propice ;
Commence ici par moi ton affreux sacrifice :
Frappe, ingrat.

ARZACE.

C'en est trop : mon cœur désespéré
Contre ces derniers traits n'était point préparé.
Vous voyez trop, cruelle, à ma douleur profonde,
Si ce cœur vous préfère à l'empire du monde.
Ces victoires, ce nom dont j'étais si jaloux,
Vous en étiez l'objet ; j'avais tout fait pour vous ;
Et mon ambition, au comble parvenue,
Jusqu'à vous mériter avait porté sa vue.
Sémiramis m'est chère ; oui, je dois l'avouer ;
Votre bouche avec moi conspire à la louer.
Nos yeux la regardaient comme un dieu tutélaire
Qui de nos chastes feux protégeait le mystère.
C'est avec cette ardeur et ces vœux épurés,
Que peut-être les dieux veulent être adorés.
Jugez de ma surprise au choix qu'a fait la reine ;
Jugez du précipice où ce choix nous entraîne ;
Apprenez tout mon sort.

AZÉMA.

Je le sais.

ARZACE.

Apprenez
Que l'empire ni vous ne me sont destinés.
Ce fils qu'il faut servir, ce fils de Ninus même,
Cet unique héritier de la grandeur suprême....

AZÉMA.

Eh bien ?

ARZACE.

Ce Ninias, qui, presque en son berceau,

De l'hymen avec vous alluma le flambeau,
Qui naquit à la fois mon rival et mon maître....

AZÉMA.

Ninias!

ARZACE.
Il respire, il vient, il va paraître.

AZÉMA.
Ninias! juste Ciel! Eh quoi! Sémiramis....

ARZACE.
Jusqu'à ce jour trompée, elle a pleuré son fils.

AZÉMA.
Ninias est vivant!

ARZACE.
C'est un secret encore
Renfermé dans le temple, et que la reine ignore.

AZÉMA.
Mais Ninus te couronne, et sa veuve est à toi.

ARZACE.
Mais son fils est à vous, mais son fils est mon roi;
Mais je dois le servir. Quel oracle funeste!

AZÉMA.
L'amour parle, il suffit; que m'importe le reste?
Ses ordres plus certains n'ont point d'obscurité;
Voilà mon seul oracle, il doit être écouté.
Ninias est vivant! Eh bien! qu'il reparaisse;
Que sa mère à mes yeux attestant sa promesse,
Que son père avec lui rappelé du tombeau,
Rejoignent ces liens formés dans mon berceau;
Que Ninias, mon roi, ton rival et ton maître,

Ait pour moi tout l'amour que tu me dois peut-être:
Viens voir tout cet amour devant toi confondu;
Vois fouler à mes pieds le sceptre qui m'est dû.
Où donc est Ninias? quel secret, quel mystère
Le dérobe à ma vue, et le cache à sa mère?
Qu'il revienne, en un mot; lui, ni Sémiramis,
Ni ces mânes sacrés que l'enfer a vomis,
Ni le renversement de toute la nature,
Ne pourront de mon âme arracher un parjure.
Arzace, c'est à toi de te bien consulter;
Vois si ton cœur m'égale, et s'il m'ose imiter.
Quels sont donc ces forfaits que l'enfer en furie,
Que l'ombre de Ninus ordonne qu'on expie?
Cruel, si tu trahis un si sacré lien,
Je ne connais ici de crime que le tien.
Je vois de tes destins le fatal interprète,
Pour te dicter leurs lois, sortir de sa retraite:
Le malheureux amour, dont tu trahis la foi,
N'est point fait pour paraître entre les dieux et toi.
Va recevoir l'arrêt dont Ninus nous menace;
Ton sort dépend des dieux, le mien dépend d'Arzace.

(*Elle sort.*)

ARZACE.

Arzace est à vous seule. Ah! cruelle! arrêtez.
Quel mélange d'horreurs et de félicités!
Quels étonnans destins l'un à l'autre contraires!....

SCÈNE II.

ARZACE, OROÈS, *suivi des mages.*

OROÈS, *à Arzace.*

Venez, retirons-nous vers ces lieux solitaires;
Je vois quel trouble affreux a dû vous pénétrer :
A de plus grands assauts il faut vous préparer.
(*Aux mages.*)
Apportez ce bandeau d'un roi que je révère;
Prenez ce fer sacré, cette lettre.
(*Les mages vont chercher ce que le grand-prêtre demande.*)

ARZACE.

O mon père!
Tirez-moi de l'abîme où mes pas sont plongés!
Levez le voile affreux dont mes yeux sont chargés!

OROÈS.

Le voile va tomber, mon fils; et voici l'heure
Où, dans sa redoutable et profonde demeure,
Ninus attend de vous, pour apaiser ses cris,
L'offrande réservée à ses mânes trahis.

ARZACE.

Quel ordre! quelle offrande! et qu'est-ce qu'il désire?
Qui, moi! venger Ninus, et Ninias respire!
Qu'il vienne, il est mon roi, mon bras va le servir.

OROÈS.

Son père a commandé; ne sachez qu'obéir.

Dans une heure, à sa tombe, Arzace, il faut vous rendre ;
(*Il donne le diadème et l'épée à Ninias.*)
Armé du fer sacré que vos mains doivent prendre,
Ceint du même bandeau que son front a porté,
Et que vous-même ici vous m'avez présenté.

ARZACE.

Du bandeau de Ninus !

OROÈS.

Ses mânes le commandent :
C'est dans cet appareil, c'est ainsi qu'ils attendent
Ce sang qui, devant eux, doit être offert par vous.
Ne songez qu'à frapper, qu'à servir leur courroux ;
La victime y sera ; c'est assez vous instruire.
Reposez-vous sur eux du soin de la conduire.

ARZACE.

S'il demande mon sang, disposez de ce bras.
Mais vous ne parlez point, Seigneur, de Ninias ;
Vous ne me dites pas comment son père même
Me donnerait sa femme avec son diadème.

OROÈS.

Sa femme, vous ! la reine ! ô Ciel ! Sémiramis !
Eh bien ! voici l'instant que je vous ai promis.
Connaissez vos destins et cette femme impie.

ARZACE.

Grands dieux !

OROÈS.

De son époux elle a tranché la vie.

ARZACE.

Elle! la reine!

OROÈS.

Assur, l'opprobre de son nom,
Le détestable Assur a donné le poison.

ARZACE, *après un peu de silence.*

Ce crime, dans Assur, n'a rien qui me surprenne;
Mais croirai-je en effet qu'une épouse, une reine,
L'amour des nations, l'honneur des souverains,
D'un attentat si noir ait pu souiller ses mains?
A-t-on tant de vertus après un si grand crime?

OROÈS.

Ce doute, cher Arzace, est d'un cœur magnanime;
Mais ce n'est plus le temps de rien dissimuler :
Chaque instant de ce jour est fait pour révéler
Les effrayans secrets dont frémit la nature :
Elle vous parle ici; vous sentez son murmure;
Votre cœur, malgré vous, gémit épouvanté.
Ne soyez plus surpris si Ninus irrité
Est monté de la terre à ces voûtes impies;
Il vient briser des nœuds tissus par les furies;
Il vient montrer au jour des crimes impunis;
Des horreurs de l'inceste il vient sauver son fils :
Il parle, il vous attend; Ninus est votre père;
Vous êtes Ninias; la reine est votre mère.

ARZACE.

De tous ces coups mortels en un moment frappé,
Dans la nuit du trépas je reste enveloppé.
Moi, son fils? moi?

OROÈS.
Vous-même : en doutez-vous encore
Apprenez que Ninus, à sa dernière aurore,
Sûr qu'un poison mortel en terminait le cours,
Et que le même crime attentait sur vos jours,
Qu'il attaquait en vous les sources de la vie,
Vous arracha mourant à cette cour impie.
Assur, comblant sur vous ses crimes inouïs,
Pour épouser la mère, empoisonna le fils.
Il crut que, de ses rois exterminant la race,
Le trône était ouvert à sa perfide audace ;
Et lorsque le palais déplorait votre mort,
Le fidèle Phradate eut soin de votre sort.
Ces végétaux puissans qu'en Perse on voit éclore,
Bienfaits nés dans ses champs de l'astre qu'elle adore
Par les soins de Phradate avec art préparés,
Firent sortir la mort de vos flancs déchirés ;
De son fils qu'il perdit il vous donna la place ;
Vous ne fûtes connu que sous le nom d'Arzace :
Il attendait le jour d'un heureux changement.
Dieu, qui juge les rois, en ordonne autrement.
La vérité terrible est du ciel descendue,
Et du sein des tombeaux la vengeance est venue.

ARZACE.
Dieu, maître des destins, suis-je assez éprouvé ?
Vous me rendez la mort dont vous m'avez sauvé.
Eh bien ! Sémiramis.... ! oui, je reçus la vie
Dans le sein des grandeurs et de l'ignominie.
Ma mère.... ô ciel ! Ninus ! ah ! quel aveu cruel !

Mais si le traître Assur était seul criminel,
S'il se pouvait....

OROÈS, *prenant la lettre, et la lui donnant.*

Voici ces sacrés caractères,
Ces garans trop certains de ces cruels mystères ;
Le monument du crime est ici sous vos yeux :
Douterez-vous encor ?

ARZACE.

Que ne le puis-je, ô dieux !
Donnez, je n'aurai plus de doute qui me flatte ;
Donnez.

(*Il lit.*)

« Ninus mourant au fidèle Phradate.
« Je meurs empoisonné ; prenez soin de mon fils ;
« Arrachez Ninias à des bras ennemis :
« Ma criminelle épouse.... »

OROÈS.

En faut-il davantage ?
C'est de vous que je tiens cet affreux témoignage.
Ninus n'acheva point ; l'approche de la mort
Glaça sa faible main, qui traçait votre sort.
Phradate en cet écrit vous apprend tout le reste ;
Lisez : il vous confirme un secret si funeste.
Il suffit, Ninus parle, il arme votre bras ;
De sa tombe à son trône il va guider vos pas ;
Il veut du sang.

ARZACE, *après avoir lu.*

O jour trop fécond en miracles !
Enfer, qui m'as parlé, tes funestes oracles

Sont plus obscurs encore à mon esprit troublé
Que le sein de la tombe où je suis appelé.
Au sacrificateur on cache la victime;
Je tremble sur le choix.

OROÈS.

Tremblez, mais sur le crime.
Allez; dans les horreurs dont vous êtes troublé,
Le Ciel vous conduira comme il vous a parlé.
Ne vous regardez plus comme un homme ordinaire;
Des éternels décrets sacré dépositaire,
Marqué du sceau des dieux, séparé des humains,
Avancez dans la nuit qui couvre vos destins.
Mortel, faible instrument des dieux de vos ancêtres,
Vous n'avez pas le droit d'interroger vos maîtres.
A la mort échappé, malheureux Ninias,
Adorez, rendez grâce, et ne murmurez pas.

SCÈNE III.

ARZACE, MITRANE.

ARZACE.

Non, je ne reviens point de cet état horrible!
Sémiramis ma mère! ô Ciel! est-il possible?

MITRANE, *arrivant*.

Babylone, Seigneur, en ce commun effroi,
Ne peut se rassurer qu'en revoyant son roi.
Souffrez que le premier je vienne reconnaître
Et l'époux de la reine, et mon auguste maître.
Sémiramis vous cherche; elle vient sur mes pas:

Je bénis ce moment qui la met dans vos bras.
Vous ne répondez point ; un désespoir farouche
Fixe vos yeux troublés, et vous ferme la bouche ;
Vous pâlissez d'effroi ; tout votre corps frémit.
Qu'est-ce qui s'est passé ? qu'est-ce qu'on vous a dit ?

ARZACE.

Fuyons vers Azéma.

MITRANE.

Quel étonnant langage !
Seigneur, est-ce bien vous ? faites-vous cet outrage
Aux bontés de la reine, à ses feux, à son choix,
A ce cœur qui pour vous dédaigna tant de rois ?
Son espérance en vous est-elle confondue ?

ARZACE.

Dieux ! c'est Sémiramis qui se montre à ma vue !
O tombe de Ninus, ô séjour des enfers !
Cachez son crime et moi dans vos gouffres ouverts.

SCÈNE IV.

SÉMIRAMIS, ARZACE, OTANE.

SÉMIRAMIS.

On n'attend plus que vous ; venez, maître du monde :
Son sort, comme le mien, sur mon hymen se fonde.
Je vois avec transport ce signe révéré,
Qu'a mis sur votre front un pontife inspiré ;
Ce sacré diadème, assuré témoignage
Que l'enfer et le ciel confirment mon suffrage.
Tout le parti d'Assur, frappé d'un saint respect,

Tombe à la voix des dieux, et tremble à mon aspect :
Ninus veut une offrande, il en est plus propice;
Pour hâter mon bonheur, hâtez ce sacrifice.
Tous les cœurs sont à nous; tout le peuple applaudit:
Vous régnez, je vous aime; Assur en vain frémit.

ARZACE, *hors de lui.*

Assur! allons.... il faut dans le sang du perfide....
Dans cet infâme sang lavons son parricide;
Allons venger Ninus....

SÉMIRAMIS.

Qu'entends-je? juste Ciel!
Ninus!

ARZACE, *d'un air égaré.*

Vous m'avez dit que son bras criminel
(*revenant à lui.*)
Avait.... que l'insolent s'arme contre sa reine;
Et n'est-ce pas assez pour mériter ma haine?

SÉMIRAMIS.

Commencez la vengeance en recevant ma foi.

ARZACE.

Mon père!

SÉMIRAMIS.

Ah! quels regards vos yeux lancent sur moi!
Arzace, est-ce donc là ce cœur soumis et tendre
Qu'en vous donnant ma main j'ai cru devoir attendre?
Je ne m'étonne point que ce prodige affreux!
Que les morts déchaînés du séjour ténébreux,
De la terreur en vous laissent encor la trace :
Mais j'en suis moins troublée en revoyant Arzace.

ACTE IV, SCÈNE IV.

Ah ! ne répandez pas cette funeste nuit
Sur ces premiers momens du beau jour qui me luit.
Soyez tel qu'à mes pieds je vous ai vu paraître,
Lorsque vous redoutiez d'avoir Assur pour maître.
Ne craignez point Ninus, et son ombre en courroux.
Arzace, mon appui, mon secours, mon époux ;
Cher prince....

ARZACE, *se détournant.*

C'en est trop : le crime m'environne...
Arrêtez.

SÉMIRAMIS.

A quel trouble, hélas ! il s'abandonne,
Quand lui seul à la paix à pu me rappeler ?

ARZACE.

Sémiramis....

SÉMIRAMIS.

Eh bien ?

ARZACE.

Je ne puis lui parler :
Fuyez-moi pour jamais, ou m'arrachez la vie.

SÉMIRAMIS.

Quels transports ! quels discours ! qui, moi, que je vous
 fuie ?
Éclaircissez ce trouble insupportable, affreux,
Qui passe dans mon âme, et fait deux malheureux,
Les traits du désespoir sont sur votre visage ;
De moment en moment vous glacez mon courage ;
Et vos yeux alarmés me causent plus d'effroi
Que le Ciel et les morts soulevés contre moi.

Je tremble en vous offrant ce sacré diadème;
Ma bouche en frémissant prononce: Je vous aime;
D'un pouvoir inconnu l'invincible ascendant
M'entraîne ici vers vous, m'en repousse à l'instant,
Et, par un sentiment que je ne puis comprendre,
Mêle une horreur affreuse à l'amour le plus tendre.

ARZACE.

Haïssez-moi!

SÉMIRAMIS.

Cruel! non, tu ne le veux pas.
Mon cœur suivra ton cœur, mes pas suivront tes pas.
Quel est donc ce billet, que tes yeux pleins d'alarmes
Lisent avec horreur et trempent de leurs larmes?
Contient-il les raisons de tes refus affreux?

ARZACE.

Oui.

SÉMIRAMIS.

Donne.

ARZACE.

Ah! je ne puis.... osez-vous...!

SÉMIRAMIS.

Je le veux.

ARZACE.

Laissez-moi cet écrit horrible et nécessaire....

SÉMIRAMIS.

D'où le tiens-tu?

ARZACE.

Des dieux.

SÉMIRAMIS.

Qui l'écrivit?

ACTE IV, SCÈNE IV.

ARZACE.

Mon père.

SÉMIRAMIS.

Que me dis-tu ?

ARZACE.

Tremblez.

SÉMIRAMIS.

Donne : apprends-moi mon sort.

ARZACE.

Cessez.... à chaque mot vous trouveriez la mort.

SÉMIRAMIS.

N'importe ; éclaircissez ce doute qui m'accable ;
Ne me résistez plus, ou je vous crois coupable.

ARZACE.

Dieux, qui conduisez tout, c'est vous qui m'y forcez

SÉMIRAMIS, *prenant le billet.*

Pour la dernière fois, Arzace, obéissez.

ARZACE.

Eh bien ! que ce billet soit donc le seul supplice
Qu'à son crime, grand Dieu, réserve ta justice !
(*Sémiramis lit.*)
Vous allez trop savoir, c'en est fait.

SÉMIRAMIS, *à Otane.*

Qu'ai-je lu ?
Soutiens-moi, je me meurs.

ARZACE.

Hélas ! tout est connu.

SÉMIRAMIS, *revenant à elle, après un long silence*

Eh bien ! ne tarde plus, remplis ta destinée ;

Punis cette coupable et cette infortunée :
Étouffe dans mon sang mes détestables feux.
La nature trompée est horrible à tous deux.
Venge tous mes forfaits ; venge la mort d'un père ;
Reconnais-moi, mon fils ; frappe et punis ta mère.

ARZACE.

Que ce glaive plutôt épuise ici mon flanc
De ce sang malheureux formé de votre sang !
Qu'il perce de vos mains ce cœur qui vous révère,
Et qui porte d'un fils le sacré caractère !

SÉMIRAMIS, *se jetant à genoux.*

Ah! je fus sans pitié ; sois barbare à ton tour :
Sois le fils de Ninus en m'arrachant le jour :
Frappe. Mais quoi! tes pleurs se mêlent à mes larmes!
O Ninias! ô jour plein d'horreur et de charmes...!
Avant de me donner la mort que tu me dois,
De la nature encor laisse parler la voix ;
Souffre au moins que les pleurs de ta coupable mère
Arrosent une main si fatale et si chère.

ARZACE.

Ah! je suis votre fils, et ce n'est pas à vous,
Quoi que vous ayez fait, d'embrasser mes genoux.
Ninias vous implore, il vous aime, il vous jure
Les plus profonds respects, et l'amour la plus pure.
C'est un nouveau sujet, plus cher et plus soumis ;
Le Ciel est apaisé, puisqu'il vous rend un fils :
Livrez l'infâme Assur au dieu qui vous pardonne.

SÉMIRAMIS.

Reçois, pour te venger, mon sceptre et ma couronne

Je les ai trop souillés.
ARZACE.
Je veux tout ignorer,
Je veux avec l'Asie encor vous admirer.
SÉMIRAMIS.
Non; mon crime est trop grand.
ARZACE.
Le repentir l'efface.
SÉMIRAMIS.
Ninus t'a commandé de régner en ma place;
Crains ses mânes vengeurs.
ARZACE.
Ils seront attendris
Des remords d'une mère et des larmes d'un fils.
Otane, au nom des dieux, ayez soin de ma mère,
Et cachez, comme moi, cet horrible mystère.

FIN DU QUATRIÈME ACTE.

ACTE V.

SCÈNE PREMIÈRE.

SÉMIRAMIS, OTANE.

OTANE.

Songez qu'un dieu propice a voulu prévenir
Cet effroyable hymen, dont je vous vois frémir.
La nature étonnée à ce danger funeste,
En vous rendant un fils, vous arrache à l'inceste.
Des oracles d'Ammon les ordres absolus,
Les infernales voix, les mânes de Ninus,
Vous disaient que le jour d'un nouvel hyménée
Finirait les horreurs de votre destinée;
Mais ils ne disaient pas qu'il dût être accompli :
L'hymen s'est préparé, votre sort est rempli;
Ninias vous révère. Un secret sacrifice
Va contenter des dieux la facile justice :
Ce jour si redouté fera votre bonheur.

SÉMIRAMIS.

Ah! le bonheur, Otane, est-il fait pour mon cœur?
Mon fils s'est attendri; je me flatte, j'espère
Qu'en ces premiers momens la douleur d'une mère
Parle plus hautement à ses sens opressés

ACTE V, SCÈNE I.

Que le sang de Ninus, et mes crimes passés.
Mais peut-être bientôt, moins tendre et plus sévère,
Il ne se souviendra que du meurtre d'un père.

OTANE.

Que craignez-vous d'un fils ? quel noir pressentiment !

SÉMIRAMIS.

La crainte suit le crime, et c'est son châtiment.
Le détestable Assur sait-il ce qui se passe ?
N'a-t-on rien attenté ? sait-on quel est Arzace ?

OTANE.

Non ; ce secret terrible est de tous ignoré :
De l'ombre de Ninus l'oracle est adoré ;
Les esprits consternés ne peuvent le comprendre.
Comment servir son fils ? pourquoi venger sa cendre ?
On l'ignore, on se tait. On attend ces momens
Où, fermé sans réserve au reste des vivans,
Ce lieu saint doit s'ouvrir pour finir tant d'alarmes.
Le peuple est aux autels ; vos soldats sont en armes.
Azéma, pâle, errante, et la mort dans les yeux,
Veille autour du tombeau, lève les mains aux cieux.
Ninias est au temple, et d'une âme éperdue
Se prépare à frapper sa victime inconnue.
Dans ses sombres fureurs Assur enveloppé
Rassemble les débris d'un parti dissipé :
Je ne sais quels projets il peut former encore.

SÉMIRAMIS.

Ah ! c'est trop ménager un traître que j'abhorre ;
Qu'Assur chargé de fers en vos mains soit remis :
Otane, allez livrer le coupable à mon fils.

Mon fils apaisera l'éternelle justice,
En répandant du moins le sang de mon complice :
Qu'il meure ; qu'Azéma, rendue à Ninias
Du crime de mon règne épure ces climats.
Tu vois ce cœur, Ninus, il doit te satisfaire ;
Tu vois du moins en moi des entrailles de mère.
Ah ! qui vient dans ces lieux à pas précipités ?
Que tout rend la terreur à mes sens agités !

SCÈNE II.

SÉMIRAMIS, AZÉMA.

AZÉMA.

Madame, pardonnez si, sans être appelée,
De mortelles frayeurs trop justement troublée,
Je viens avec transport embrasser vos genoux.

SÉMIRAMIS.

Ah ! princesse, parlez, que me demandez-vous ?

AZÉMA.

D'arracher un héros au coup qui le menace,
De prévenir le crime, et de sauver Arzace.

SÉMIRAMIS.

Arzace ? lui ! quel crime ?

AZÉMA.

                Il devient votre époux ;
Il me trahit, n'importe, il doit vivre pour vous.

SÉMIRAMIS.

Lui mon époux ? grands dieux !

ACTE V, SCÈNE II.

AZÉMA.

Quoi ! l'hymen qui vous lie..

SÉMIRAMIS.

Cet hymen est affreux, abominable, impie.
Arzace ! il est.... parlez; je frissonne; achevez :
Quels dangers..? hâtez-vous...

AZÉMA.

Madame, vous savez
Que peut-être au moment que ma voix vous implore...

SÉMIRAMIS.

Eh bien ?

AZÉMA.

Ce demi-dieu que je redoute encore,
D'un secret sacrifice en doit être honoré
Au fond du labyrinthe à Ninus consacré.
J'ignore quels forfaits il faut qu'Arzace expie.

SÉMIRAMIS.

Quels forfaits, justes dieux !

AZÉMA.

Cet Assur, cet impie,
Va violer la tombe où nul n'est introduit.

SÉMIRAMIS.

Qui ? lui ?

AZÉMA.

Dans les horreurs de la profonde nuit,
Des souterrains secrets, où sa fureur habile
A tout événement se creusait un asile,
Ont servi les desseins de ce monstre odieux;
Il vient braver les morts, il vient braver les dieux :
D'une main sacrilége, aux forfaits enhardie,

Du généreux Arzace il va trancher la vie.
SÉMIRAMIS.
O Ciel! qui vous l'a dit? comment? par quel détour?
AZÉMA.
Fiez-vous à mon cœur éclairé par l'amour;
J'ai vu du traître Assur la haine envenimée,
Sa faction tremblante, et par lui ranimée,
Ses amis rassemblés, qu'a séduits sa fureur.
De ses desseins secrets j'ai démêlé l'horreur,
J'ai feint de réunir nos causes mutuelles;
Je l'ai fait épier par des regards fidèles:
Il ne commet qu'à lui ce meurtre détesté!
Il marche au sacrilége avec impunité.
Sûr que dans ce lieu saint nul n'osera paraître,
Que l'accès en est même interdit au grand-prêtre,
Il y vole: et le bruit par ses soins se répand
Qu'Arzace est la victime, et que la mort l'attend;
Que Ninus dans son sang doit laver son injure.
On parle au peuple, aux grands, on s'assemble, on murmure.
Je crains Ninus, Assur, et le Ciel en courroux.
SÉMIRAMIS.
Eh bien chère Azéma, ce Ciel parle pour vous:
Il me suffit. Je vois ce qui me reste à faire.
On peut s'en reposer sur le cœur d'une mère.
Ma fille, nos destins à la fois sont remplis;
Défendez votre époux, je vais sauver mon fils.
AZÉMA.
Ciel!

SÉMIRAMIS.

Prête à l'épouser, les dieux m'ont éclairée;
Ils inspirent encore une mère éplorée :
Mais les momens sont chers. Laissez-moi dans ces lieux;
Ordonnez en mon nom que les prêtres des dieux,
Que les chefs de l'état viennent ici se rendre.
(Azéma passe dans le vestibule du temple; Sémiramis, de l'autre côté, s'avance vers le mausolée.)
Ombre de mon époux, je vais venger ta cendre.
Voici l'instant fatal où ta voix m'a promis :
Que l'accès de ta tombe allait m'être permis :
J'obéirai, mes mains, qui guidaient des armées,
Pour secourir mon fils, à ta voix sont armées.
Venez, gardes du trône, accourez à ma voix;
D'Arzace désormais reconnaissez les lois :
Arzace est votre roi; vous n'avez plus de reine;
Je dépose en ses mains la grandeur souveraine.
Soyez ses défenseurs ainsi que ses sujets.
Allez.
(Les gardes se rangent au fond de la scène.)
Dieux tout-puissans, secondez mes projets.
(Elle entre dans le tombeau.)

SCÈNE III.

AZÉMA, *revenant de la porte du temple sur le devant de la scène.*

Que méditait la reine? et quel dessein l'anime?

A-t-elle encor le temps de prévenir le crime?
O prodige, ô destin que je ne conçois pas!
Moment cher et terrible! Arzace, Ninias!
Arbitres des humains, puissances que j'adore,
Me l'avez-vous rendu pour le ravir encore?

SCÈNE IV.

AZÉMA, ARZACE ou NINIAS.

AZÉMA.

Ah! cher prince, arrêtez. Ninias, est-ce vous?
Vous, le fils de Ninus, mon maître et mon époux?

NINIAS.

Ah! vous me revoyez confus de me connaître.
Je suis du sang des dieux, et je frémis d'en être.
Écartez ces horreurs qui m'ont environné,
Fortifiez ce cœur au trouble abandonné,
Encouragez ce bras prêt à venger un père.

AZÉMA.

Gardez-vous de remplir cet affreux ministère.

NINIAS.

Je dois un sacrifice, il le faut, j'obéis.

AZÉMA.

Non, Ninus ne veut pas qu'on immole son fils.

NINIAS.

Comment?

AZÉMA.

Vous n'irez point dans ce lieu redoutable;
Un traître y tend pour vous un piége inévitable.

NINIAS.
Qui peut me retenir? et qui peut m'effrayer?
AZÉMA.
C'est vous que dans la tombe on va sacrifier ;
Assur, l'indigne Assur a d'un pas sacrilége
Violé du tombeau le divin privilége :
Il vous attend.
NINIAS.
Grands dieux! tout est donc éclairci!
Mon cœur est rassuré, la victime est ici.
Mon père, empoisonné par ce monstre perfide,
Demande à haute voix le sang du parricide.
Instruit par le grand-prêtre, et conduit par le Ciel,
Par Ninus même armé contre le criminel,
Je n'aurai qu'à frapper la victime funeste
Qu'amène à mon courroux la justice céleste.
Je vois trop que ma main, dans ce fatal moment,
D'un pouvoir invincible est l'aveugle instrument.
Les dieux seuls ont tout fait, et mon âme étonnée
S'abandonne à la voix qui fait ma destinée.
Je vois que, malgré nous, tous nos pas sont marqués ;
Je vois que des enfers ces mânes évoqués
Sur le chemin du trône ont semé les miracles :
J'obéis sans rien craindre, et j'en crois les oracles.
AZÉMA.
Tout ce qu'ont fait les dieux ne m'apprend qu'à frémir :
Ils ont aimé Ninus, ils l'ont laissé périr.
NINIAS.
Ils le vengent enfin : étouffez ce murmure.

AZÉMA.
Ils choisissent souvent une victime pure :
Le sang de l'innocence a coulé sous leurs coups.
NINIAS.
Puisqu'ils nous ont unis, ils combattent pour nous.
Ce sont eux qui parlaient par la voix de mon père.
Ils me rendent un trône, une épouse, une mère;
Et, couvert à vos yeux du sang du criminel,
Ils vont de ce tombeau me conduire à l'autel.
J'obéis, c'est assez; le Ciel fera le reste.

SCÈNE V.
AZÉMA, *seule.*

Dieux, veillez sur ses pas dans ce tombeau funeste.
Que voulez-vous? quel sang doit aujourd'hui couler?
Impénétrables dieux, vous me faites trembler!
Je crains Assur, je crains cette main sanguinaire;
Il peut percer le fils sur la cendre du père.
Abîmes redoutés, dont Ninus est sorti,
Dans vos antres profonds que ce monstre englouti
Porte au sein des enfers la fureur qui le presse!
Cieux, tonnez! cieux, lancez la foudre vengeresse!
O son père! ô Ninus! quoi! tu n'as pas permis
Qu'une épouse éplorée accompagnât ton fils!
Ninus, combats pour lui dans ce lieu de ténèbres!
N'entends-je pas sa voix parmi des cris funèbres?
Dût ce sacré tombeau, profané par mes pas,
Ouvrir pour me punir les gouffres du trépas,

J'y descendrai, j'y vole...Ah! quels coups de tonnerre
Ont enflammé le Ciel et font trembler la terre!
Je crains, j'espère... Il vient.

SCÈNE VI.

NINIAS, *une épée sanglante à la main*, AZÉMA.

NINIAS.

Ciel! où suis-je?

AZÉMA.

Ah! Seigneur,
Vous êtes teint de sang, pâle, glacé d'horreur.

NINIAS, *d'un air égaré*.

Vous me voyez couvert du sang du parricide.
Au fond de ce tombeau mon père était mon guide;
J'errais dans les détours de ce grand monument,
Plein de respect, d'horreur et de saisissement;
Il marchait devant moi : j'ai reconnu la place
Que son ombre en courroux marquait à mon audace.
Auprès d'une colonne, et loin de la clarté
Qui suffisait à peine à ce lieu redouté,
J'ai vu briller le fer dans la main du perfide;
J'ai cru le voir trembler, tout coupable est timide.
J'ai deux fois dans son flanc plongé ce fer vengeur;
Et d'un bras tout sanglant, qu'animait ma fureur,
Déjà je le traînais, roulant sur la poussière,
Vers les lieux d'où partait cette faible lumière :
Mais, je vous l'avoûrai, ses sanglots redoublés,
Ses cris plaintifs et sourds, et mal articulés,

Les dieux qu'il invoquait, et le repentir même
Qui semblait le saisir à son heure suprême;
La sainteté du lieu; la pitié, dont la voix,
Alors qu'on est vengé fait entendre ses lois;
Un sentiment confus, qui même m'épouvante,
M'ont fait abandonner la victime sanglante.
Azéma, quel est donc ce trouble, cet effroi,
Cette invincible horreur qui s'empare de moi?
Mon cœur est pur, ô dieux! mes mains sont innocentes.
D'un sang proscrit par vous, vous les voyez fumantes.
Quoi! j'ai servi le Ciel, et je sens des remords.

AZÉMA.

Vous avez satisfait la nature et les morts.
Quittons ce lieu terrible, allons vers votre mère;
Calmez à ses genoux ce trouble involontaire :
Et puisque Assur n'est plus...

SCÈNE VII.

NINIAS, AZÉMA, ASSUR.

(*Assur paraît dans l'enfoncement avec Otane et les gardes de la reine.*)

AZÉMA.

Ciel! Assur à mes yeux!

NINIAS.

Assur?

AZÉMA.

Accourez tous, ministres de nos dieux,
Ministres de nos rois, défendez votre maître.

SCÈNE VIII.

LE GRAND-PRÊTRE OROÈS, LES MAGES ET LE PEUPLE, NINIAS, AZÉMA, ASSUR *désarmé*, MITRANE, OTANE.

OTANE.

Il n'en est pas besoin; j'ai fait saisir le traître.
Lorsque dans ce lieu saint il allait pénétrer :
La reine l'ordonna; je viens vous le livrer.

NINIAS.

Qu'ai-je fait ? et quelle est la victime immolée ?

OROÈS.

Le Ciel est satisfait; la vengeance est comblée.
(*en montrant Assur.*)
Peuples, de votre roi voilà l'empoisonneur.
(*en montrant Ninias.*)
Peuples, de votre roi voilà le successeur.
Je viens vous l'annoncer; je viens le reconnaître;
Revoyez Ninias, et servez votre maître.

ASSUR.

Toi Ninias ?

OROÈS.

   Lui-même: un dieu qui l'a conduit
Le sauva de ta rage, et ce dieu te poursuit.

ASSUR.

Toi, de Sémiramis tu reçus la naissance ?

NINIAS.

Oui; mais, pour te punir j'ai reçu sa puissance.
Allez, délivrez-moi de ce monstre inhumain :
Il ne méritait pas de tomber sous ma main.
Qu'il meure dans l'opprobre et non de mon épée;
Et qu'on rende au trépas ma victime échappée.
(*Sémiramis paraît au pied du tombeau, mourante;
un mage qui est à cette porte la relève.*)

ASSUR.

Va : mon plus grand supplice est de te voir mon roi;
(*apercevant Sémiramis.*)
Mais je te laisse encor plus malheureux que moi :
Regarde ce tombeau; contemple ton ouvrage.

NINIAS.

Quelle victime, ô Ciel, a donc frappé ma rage?

AZÉMA.

Ah! fuyez, cher époux!

MITRANE.

Qu'avez-vous fait?
OROÈS, *se mettant entre le tombeau et Ninias.*
Sortez;
Venez purifier vos bras ensanglantés;
Remettez dans mes mains ce glaive trop funeste,
Cet aveugle instrument de la fureur céleste.

NINIAS, *courant vers Sémiramis.*
Ah! cruels, laissez-moi le plonger dans mon cœur.
OROÈS, *tandis qu'on le désarme.*
Gardez de le laisser à sa propre fureur.

ACTE V, SCÈNE VIII.

SÉMIRAMIS, *qu'on fait avancer, et qu'on place sur un fauteuil.*

Viens me venger, mon fils : un monstre, un sanguinaire,
Un traître, un sacrilége, assassine ta mère.

NINIAS.

O jour de la terreur ! ô crimes inouïs !
Ce sacrilége affreux, ce monstre, est votre fils.
Au sein qui m'a nourri cette main s'est plongée :
Je vous suis dans la tombe, et vous serez vengée.

SÉMIRAMIS.

Hélas ! j'y descendis pour défendre tes jours.
Ta malheureuse mère allait à ton secours....
J'ai reçu de tes mains la mort qui m'était due.

NINIAS.

Ah ! c'est le dernier trait à mon âme éperdue.
J'atteste ici les dieux qui conduisaient mon bras,
Ces dieux qui m'égaraient....

SÉMIRAMIS.

Mon fils, n'achève pas :
Je te pardonne tout, si pour grâce dernière,
Une si chère main ferme au moins ma paupière.
(*Il se jette à genoux.*)
Viens, je te le demande, au nom du même sang
Qui t'a donné la vie et qui sort de mon flanc.
Ton cœur n'a pas sur moi conduit ta main cruelle.
Quand Ninus expira, j'étais plus criminelle :
J'en suis assez punie. Il est donc des forfaits
Que le courroux des dieux ne pardonne jamais !
Ninias, Azéma, que votre hymen efface

L'opprobre dont mon crime a souillé votre race;
D'une mère expirante approchez-vous tous deux;
Donnez-moi votre main; vivez, régnez heureux :
Cet espoir me console, il mêle quelque joie
Aux horreurs de la mort où mon âme est en proie.
Je la sens.... elle vient.... songe à Sémiramis :
Ne hais point sa mémoire, ô mon fils! mon cher fils....
C'en est fait.

OROÈS.
La lumière a ses yeux est ravie.
Secourez Ninias, prenez soin de sa vie.
Par ce terrible exemple apprenez tous du moins
Que les crimes secrets ont les dieux pour témoins.
Plus le coupable est grand, plus grand est le supplice.
Rois, tremblez sur le trône, et craignez leur justice.

FIN DE SÉMIRAMIS ET DE CE VOLUME.

PIÈCES

CONTENUES DANS CE VOLUME.

MÉROPE, tragédie.   pag. 1
LA MORT DE CÉSAR, tragédie.   77
SÉMIRAMIS, tragédie.   129

BRUTUS,
TRAGÉDIE.

PERSONNAGES.

JUNIUS BRUTUS, \
VALÉRIUS PUBLICOLA, } consuls.

TITUS, fils de Brutus.
TULLIE, fille de Tarquin.
ALGINE, confidente de Tullie.
ARONS, ambassadeur de Porsenna.
MESSALA, ami de Titus.
PROCULUS, tribun militaire.
ALBIN, confident d'Arons.
SÉNATEURS.
LICTEURS.

(*La scène est à Rome.*)

BRUTUS,
TRAGÉDIE.

ACTE PREMIER.

SCÈNE PREMIÈRE.

(Le théâtre représente une partie de la maison des consuls sur le mont Tarpéien, le temple du Capitole se voit dans le fond. Les sénateurs sont assemblés entre le temple et la maison, devant l'autel de Mars. Brutus et Valérius Publicola, consuls, président à cette assemblée : les sénateurs sont rangés en demi-cercle. Des licteurs avec leurs faisceaux sont debout derrière les sénateurs.)

BRUTUS, VALÉRIUS PUBLICOLA,
LES SÉNATEURS.

BRUTUS.

Destructeurs des tyrans, vous qui n'avez pour rois
Que les dieux de Numa, vos vertus et nos lois,
Enfin notre ennemi commence à nous connaître.
Ce superbe Toscan qui ne parlait qu'en maître,
Porsenna, de Tarquin ce formidable appui,
Ce tyran, protecteur d'un tyran comme lui,
Qui couvre de son camp les rivages du Tibre,

Respecte le sénat, et craint un peuple libre.
Aujourd'hui, devant vous, abaissant sa hauteur,
Il demande à traiter par un ambassadeur.
Arons, qu'il nous députe, en ce moment s'avance ;
Aux sénateurs de Rome il demande audience :
Il attend dans ce temple, et c'est à vous de voir
S'il le faut refuser, s'il le faut recevoir.

VALÉRIUS PUBLICOLA.

Quoi qu'il vienne annoncer, quoi qu'on puisse en attendre,
Il le faut à son roi renvoyer sans l'entendre :
Tel est mon sentiment. Rome ne traite plus
Avec ses ennemis que quand ils sont vaincus.
Votre fils, il est vrai, vengeur de sa patrie,
A deux fois repoussé le tyran d'Étrurie ;
Je sais tout ce qu'on doit à ses vaillantes mains,
Je sais qu'à votre exemple il sauva les Romains :
Mais ce n'est point assez ; Rome, assiégée encore,
Voit dans les champs voisins ces tyrans qu'elle abhorre.
Que Tarquin satisfasse aux ordres du sénat ;
Exilé par nos lois, qu'il sorte de l'état ;
De son coupable aspect qu'il purge nos frontières,
Et nous pourrons ensuite écouter ses prières.
Ce nom d'ambassadeur a paru vous frapper ;
Tarquin n'a pu nous vaincre ; il cherche à nous tromper.
L'ambassadeur d'un roi m'est toujours redoutable ;
Ce n'est qu'un ennemi sous un titre honorable,
Qui vient, rempli d'orgueil ou de dextérité,
Insulter ou trahir avec impunité.

Rome, n'écoute point leur séduisant langage :
Tout art t'est étranger : combattre est ton partage ;
Confonds tes ennemis de ta gloire irrités ;
Tombe, ou punis les rois : ce sont là les traités.

BRUTUS.

Rome sait à quel point sa liberté m'est chère :
Mais, plein du même esprit, mon sentiment diffère.
Je vois cette ambassade, au nom des souverains,
Comme un premier hommage aux citoyens romains.
Accoutumons des rois la fierté despotique
A traiter en égale avec la république ;
Attendant que, du Ciel remplissant les décrets,
Quelque jour avec elle ils traitent en sujets.
Arons vient voir ici Rome encor chancelante,
Découvrir les ressorts de sa grandeur naissante,
Épier son génie, observer son pouvoir ;
Romains, c'est pour cela qu'il le faut recevoir.
L'ennemi du sénat connaîtra qui nous sommes,
Et l'esclave d'un roi va voir enfin des hommes.
Que dans Rome à loisir il porte ses regards ;
Il la verra dans vous : vous êtes ses remparts.
Qu'il révère en ces lieux le dieu qui nous rassemble ;
Qu'il paraisse au sénat, qu'il écoute, et qu'il tremble.
(*Les sénateurs se lèvent et s'approchent un moment
pour donner leurs voix.*)

VALÉRIUS PUBLICOLA.

Je vois tout le sénat passer à votre avis ;
Rome, et vous, l'ordonnez, à regret j'y souscris.
Licteurs, qu'on l'introduise ; et puisse sa présence

N'apporter en ces lieux rien dont Rome s'offense !
(*à Brutus.*)
C'est sur vous seul ici que nos yeux sont ouverts ;
C'est vous qui le premier avez rompu nos fers ;
De notre liberté soutenez la querelle ;
Brutus en est le père, et doit parler pour elle.

SCÈNE II.

LE SÉNAT, ARONS, ALBIN, SUITE.

(Arons entre par le côté du théâtre, précédé de deux licteurs et d'Albin, son confident; il passe devant les consuls et le sénat, qu'il salue; et il va s'asseoir sur un siége préparé pour lui sur le devant du théâtre.)

ARONS.

Consuls, et vous sénat, qu'il m'est doux d'être admis
Dans ce conseil sacré de sages ennemis,
De voir tous ces héros dont l'équité sévère
N'eut jusques aujourd'hui qu'un reproche à se faire ;
Témoin de leurs exploits, d'admirer leurs vertus ;
D'écouter Rome enfin par la voix de Brutus !
Loin des cris de ce peuple indocile et barbare,
Que la fureur conduit, réunit et sépare,
Aveugle dans sa haine, aveugle en son amour,
Qui menace et qui craint, règne et sert en un jour ;
Dont l'audace....

BRUTUS.
Arrêtez, sachez qu'il faut qu'on nomme
Avec plus de respect les citoyens de Rome.

La gloire du sénat est de représenter
Ce peuple vertueux que l'on ose insulter.
Quittez l'art avec nous, quittez la flatterie;
Ce poison qu'on prépare à la cour d'Étrurie
N'est point encor connu dans le sénat romain.
Poursuivez.

ARONS.

Moins piqué d'un discours si hautain,
Que touché des malheurs où cet état s'expose,
Comme un de ses enfans j'embrasse ici sa cause.
Vous voyez quel orage éclate autour de vous;
C'est en vain que Titus en détourna les coups:
Je vois avec regret sa valeur et son zèle
N'assurer aux Romains qu'une chute plus belle.
Sa victoire affaiblit vos remparts désolés;
Du sang qui les inonde ils semblent ébranlés.
Ah! ne refusez plus une paix nécessaire :
Si du peuple romain le sénat est le père,
Porsenna l'est des rois que vous persécutez.
Mais vous, du nom romain vengeurs si redoutés,
Vous, des droits des mortels éclairés interprètes,
Vous, qui jugez les rois, regardez où vous êtes.
Voici ce Capitole et ces mêmes autels
Où jadis, attestant tous les dieux immortels,
J'ai vu chacun de vous, brûlant d'un autre zèle,
A Tarquin votre roi jurer d'être fidèle.
Quels dieux ont donc changé les droits des souverains?
Quel pouvoir a rompu des nœuds jadis si saints?
Qui du front de Tarquin ravit le diadème?

BRUTUS.

Qui peut de vos sermens vous dégager?
BRUTUS.

Lui-même.

N'alléguez point ces nœuds que le crime a rompus,
Ces dieux qu'il outragea, ces droits qu'il a perdus.
Nous avons fait, Arons, en lui rendant hommage,
Serment d'obéissance et non point d'esclavage;
Et puisqu'il vous souvient d'avoir vu dans ces lieux
Le sénat à ses pieds faisant pour lui des vœux,
Songez qu'en ce lieu même, à cet autel auguste,
Devant ces mêmes dieux il jura d'être juste.
De son peuple et de lui tel était le lien :
Il nous rend nos sermens lorsqu'il trahit le sien;
Et dès qu'aux lois de Rome il ose être infidèle,
Rome n'est plus sujette, et lui seul est rebelle.

ARONS.

Ah! quand il serait vrai que l'absolu pouvoir
Eut entraîné Tarquin par-delà son devoir,
Qu'il en eût trop suivi l'amorce enchanteresse,
Quel homme est sans erreur? et quel roi sans faiblesse?
Est-ce à vous de prétendre au droit de le punir?
Vous, nés tous ses sujets; vous, faits pour obéir!
Un fils ne s'arme point contre un coupable père;
Il détourne les yeux, le plaint, et le révère.
Les droits des souverains sont-ils moins précieux?
Nous sommes leurs enfans; leurs juges sont les dieux.
Si le Ciel quelquefois les donne en sa colère,
N'allez pas mériter un présent plus sévère,
Trahir toutes les lois en voulant les venger,

Et renverser l'état au lieu de le changer.
Instruit par le malheur, ce grand maître de l'homme,
Tarquin sera plus juste et plus digne de Rome.
Vous pouvez raffermir par un accord heureux,
Des peuples et des rois les légitimes nœuds,
Et faire encor fleurir la liberté publique
Sous l'ombrage sacré du pouvoir monarchique.

BRUTUS.

Arons, il n'est plus temps : chaque état a ses lois,
Qu'il tient de sa nature, ou qu'il change à son choix.
Esclaves de leurs rois, et même de leurs prêtres,
Les Toscans semblent nés pour servir sous des maîtres,
Et, de leur chaîne antique adorateurs heureux,
Voudraient que l'univers fût esclave comme eux.
La Grèce entière est libre, et la molle Ionie
Sous un joug odieux languit assujettie.
Rome eut ses souverains, mais jamais absolus ;
Son premier citoyen fut le grand Romulus ;
Nous partagions le poids de sa grandeur suprême.
Numa, qui fit nos lois, y fut soumis lui-même.
Rome enfin, je l'avoue, a fait un mauvais choix :
Chez les Toscans, chez vous elle a choisi ses rois ;
Ils nous ont apporté du fond de l'Étrurie
Les vices de leur cour avec la tyrannie.

(*il se lève.*)

Pardonnez-nous, grands dieux, si le peuple romain
A tardé si long-temps à condamner Tarquin !
Le sang qui regorgea sous ses mains meurtrières
De notre obéissance a rompu les barrières.

Sous un sceptre de fer tout ce peuple abattu
A force de malheurs a repris sa vertu.
Tarquin nous a remis dans nos droits légitimes;
Le bien public est né de l'excès de ses crimes,
Et nous donnons l'exemple à ces mêmes Toscans,
S'ils pouvaient à leur tour être las des tyrans.
(*Les consuls descendent vers l'autel, et le sénat*
se lève.)
O Mars! dieu des héros, de Rome et des batailles,
Qui combats avec nous, qui défends ces murailles,
Sur ton autel sacré, Mars, reçois nos sermens
Pour ce sénat, pour moi, pour tes dignes enfans.
Si dans le sein de Rome il se trouvait un traître
Qui regrettât les rois et qui voulût un maître,
Que le perfide meure au milieu des tourmens!
Que sa cendre coupable, abandonnée aux vents,
Ne laisse ici qu'un nom plus odieux encore
Que le nom des tyrans que Rome entière abhorre!
ARONS, *avançant vers l'autel.*
Et moi, sur cet autel qu'ainsi vous profanez,
Je jure au nom du roi que vous abandonnez,
Au nom de Porsenna, vengeur de sa querelle;
A vous, à vos enfans, une guerre immortelle.
(*Les sénateurs font un pas vers le Capitole.*)
Sénateurs, arrêtez, ne vous séparez pas;
Je ne me suis pas plaint de tous vos attentats.
La fille de Tarquin, dans vos mains demeurée,
Est-elle une victime à Rome consacrée?
Et donnez-vous des fers à ses royales mains

Pour mieux braver son père et tous les souverains ?
Que dis-je ! tous ces biens, ces trésors, ces richesses
Que des Tarquins dans Rome épuisaient les largesses,
Sont-ils votre conquête, où vous sont-ils donnés ?
Est-ce pour les ravir que vous le détrônez ?
Sénat, si vous l'osez, que Brutus les dénie.

BRUTUS, *se tournant vers Arons.*

Vous connaissez bien mal et Rome et son génie.
Ces pères des Romains, vengeurs de l'équité,
Ont blanchi dans la pourpre et dans la pauvreté ;
Au-dessus des trésors que sans peine ils vous cèdent,
Leur gloire est de dompter les rois qui les possèdent.
Prenez cet or, Arons ; il est vil à nos yeux.
Quant au malheureux sang d'un tyran odieux,
Malgré la juste horreur que j'ai pour sa famille ;
Le sénat à mes soins a confié sa fille.
Elle n'a point ici de ces respects flatteurs
Qui des enfans des rois empoisonnent les cœurs ;
Elle n'a point trouvé la pompe et la mollesse
Dont la cour des Tarquins enivra sa jeunesse ;
Mais je sais ce qu'on doit de bontés et d'honneur
A son sexe, à son âge, et surtout au malheur.
Dès ce jour, en son camp que Tarquin la revoie ;
Mon cœur même en conçoit une secrète joie :
Qu'aux tyrans désormais rien ne reste en ces lieux
Que la haine de Rome et le courroux des dieux.
Pour emporter au camp l'or qu'il faut y conduire,
Rome vous donne un jour ; ce temps doit vous suffire :
Ma maison cependant est votre sûreté ;

Jouissez-y des droits de l'hospitalité.
Voilà ce que par moi le sénat vous annonce.
Ce soir à Porsenna rapportez ma réponse :
Reportez-lui la guerre, et dites à Tarquin
Ce que vous avez vu dans le sénat romain.
(*aux sénateurs.*)
Et nous, du Capitole allons orner le faîte
Des lauriers dont mon fils vient de ceindre sa tête ;
Suspendons ces drapeaux et ces dards tout sanglans
Que ses heureuses mains ont ravis aux Toscans.
Ainsi puisse toujours, plein du même courage,
Mon sang, digne de vous, vous servir d'âge en âge !
Dieux, protégez ainsi contre nos ennemis
Le consulat du père et les armes du fils !

SCÈNE III.

ARONS, ALBIN.

(qui sont supposés être entrés de la salle d'audience dans un autre appartement de la maison de Brutus.)

ARONS.

As-tu bien remarqué cet orgueil inflexible,
Cet esprit d'un sénat qui se croit invincible ?
Il le serait, Albin, si Rome avait le temps
D'affermir cette audace au cœur de ses enfans.
Crois-moi, la liberté, que tout mortel adore,
Que je veux leur ôter, mais que j'admire encore,

Donne à l'homme un courage, inspire une grandeur,
Qu'il n'eût jamais trouvés dans le fond de son cœur.
Sous le joug des Tarquins, la cour et l'esclavage
Amollissaient leurs mœurs, énervaient leur courage ;
Leurs rois, trop occupés à dompter leurs sujets,
De nos heureux Toscans ne troublaient point la paix :
Mais si ce fier sénat réveille leur génie,
Si Rome est libre, Albin, c'est fait de l'Italie.
Ces lions, que leur maître avait rendus plus doux,
Vont reprendre leur rage et s'élancer sur nous.
Étouffons dans leur sang la semence féconde
Des maux de l'Italie et des troubles du monde ;
Affranchissons la terre, et donnons aux Romains
Ces fers qu'ils destinaient au reste des humains.
Messala viendra-t-il ? Pourrai-je ici l'entendre ?
Osera-t-il... ?

ALBIN.

Seigneur, il doit ici se rendre :
A toute heure il y vient : Titus est son appui.

ARONS.

As-tu pu lui parler ? Puis-je compter sur lui ?

ALBIN.

Seigneur, ou je me trompe, ou Messala conspire
Pour changer ses destins plus que ceux de l'empire :
Il est ferme, intrépide, autant que si l'honneur
Ou l'amour du pays excitait sa valeur ;
Maître de son secret, et maître de lui-même,
Impénétrable, et calme en sa fureur extrême.

ARONS.

Tel autrefois dans Rome il parut à mes yeux,

Lorsque Tarquin régnant me reçut dans ces lieux;
Et ses lettres depuis.... Mais je le vois paraître.

SCÈNE IV.

ARONS, MESSALA, ALBIN.

ARONS.

Généreux Messala, l'appui de votre maître,
Eh bien ! l'or de Tarquin, les présens de mon roi
Des sénateurs romains n'ont pu tenter la foi?
Les plaisirs d'une cour, l'espérance, la crainte,
A ces cœurs endurcis n'ont pu porter d'atteinte?
Ces fiers patriciens sont-ils autant de dieux,
Jugeant tous les mortels, et ne craignant rien d'eux?
Sont-ils sans passions, sans intérêt, sans vice?

MESSALA.

Ils osent s'en vanter; mais leur feinte justice,
Leur âpre austérité que rien ne peut gagner,
N'est dans ces cœurs hautains que la soif de régner,
Leur orgueil foule aux pieds l'orgueil du diadème;
Ils ont brisé le joug pour l'imposer eux-même.
De notre liberté ces illustres vengeurs,
Armés pour la défendre, en sont les oppresseurs.
Sous les noms séduisans de patrons et de pères,
Ils affectent des rois les démarches altières.
Rome a changé de fers; et, sous le joug des grands,
Pour un roi qu'elle avait, a trouvé cent tyrans.

ARONS.

Parmi vos citoyens en est-il d'assez sage
Pour détester tout bas cet indigne esclavage?

MESSALA.

Peu sentent leur état : leurs esprits égarés
De ce grand changement sont encore enivrés;
Le plus vil citoyen, dans sa bassesse extrême,
Ayant chassé les rois pense être roi lui-même.
Mais je vous l'ai mandé, Seigneur, j'ai des amis
Qui sous ce joug nouveau sont à regret soumis;
Qui, dédaignant l'erreur des peuples imbéciles,
Dans ce torrent fougueux restent seuls immobiles;
Des mortels éprouvés, dont la tête et les bras
Sont faits pour ébranler ou changer les états.

ARONS.

De ces braves Romains que faut-il que j'espère?
Serviront-ils leur prince?

MESSALA.

Ils sont prêts à tout faire?
Tout leur sang est à vous : mais ne prétendez pas
Qu'en aveugles sujets ils servent des ingrats;
Ils ne se piquent point du devoir fanatique
De servir de victime au pouvoir despotique,
Ni du zèle insensé de courir au trépas
Pour venger un tyran qui ne les connaît pas.
Tarquin promet beaucoup, mais, devenu leur maître,
Il les oubliera tous, ou les craindra peut-être.
Je connais trop les grands : dans le malheur amis,
Ingrats dans la fortune, et bientôt ennemis :
Nous sommes de leur gloire un instrument servile,
Rejeté par dédain, dès qu'il est inutile,
Et brisé sans pitié, s'il devient dangereux.

A des conditions on peut compter sur eux :
Ils demandent un chef digne de leur courage,
Dont le nom seul impose à ce peuple volage ;
Un chef assez puissant pour obliger le roi,
Même après le succès, à nous tenir sa foi ;
Ou, si de nos desseins la trame est découverte,
Un chef assez hardi pour venger notre perte.

ARONS.

Mais vous m'aviez écrit que l'orgueilleux Titus...

MESSALA.

Il est l'appui de Rome, il est fils de Brutus ;
Cependant...

ARONS.
De quel œil voit-il les injustices
Dont ce sénat superbe a payé ses services ?
Lui seul a sauvé Rome, et toute sa valeur
En vain du consulat lui mérita l'honneur ;
Je sais qu'on le refuse.

MESSALA.
Et je sais qu'il murmure ;
Son cœur altier et prompt est plein de cette injure ;
Pour toute récompense il n'obtient qu'un vain bruit,
Qu'un triomphe frivole, un éclat qui s'enfuit.
J'observe d'assez près son âme impérieuse,
Et de son fier courroux la fougue impétueuse :
Dans le champ de la gloire il ne fait que d'entrer ;
Il y marche en aveugle, on l'y peut égarer.
La bouillante jeunesse est facile à séduire :
Mais que de préjugés nous aurions à détruire !

Rome, un consul, un père, et la haine des rois,
Et l'horreur de la honte, et surtout ses exploits.
Connaissez donc Titus; voyez toute son âme,
Le courroux qui l'aigrit, le poison qui l'enflamme;
Il brûle pour Tullie.

ARONS.
Il l'aimerait?

MESSALA.
Seigneur,
A peine ai-je arraché ce secret de son cœur :
Il en rougit lui-même, et cette âme inflexible
N'ose avouer qu'elle aime, et craint d'être sensible.
Parmi les passions dont il est agité
Sa plus grande fureur est pour la liberté.

ARONS.
C'est donc des sentimens et du cœur d'un seul homme
Qu'aujourd'hui, malgré moi, dépend le sort de Rome !
(à Albin.)
Ne nous rebutons pas. Préparez-vous, Albin,
A vous rendre sur l'heure aux tentes de Tarquin.
(à Messala.)
Entrons chez la princesse. Un peu d'expérience
M'a pu du cœur humain donner quelque science :
Je lirai dans son âme, et peut-être ses mains
Vont former l'heureux piége où j'attends les Romains.

FIN DU PREMIER ACTE.

ACTE II.

SCÈNE PREMIÈRE.

(Le théâtre représente, ou est supposé représenter un appartement du palais des consuls.)

TITUS, MESSALA.

MESSALA.

Non, c'est trop offenser ma sensible amitié ;
Qui peut de son secret me cacher la moitié
En dit trop et trop peu, m'offense et me soupçonne.

TITUS.

Va, mon cœur à ta foi tout entier s'abandonne ;
Ne me reproche rien.

MESSALA.

Quoi ! vous dont la douleur
Du sénat avec moi détesta la rigueur,
Qui versiez dans mon sein ce grand secret de Rome,
Ces plaintes d'un héros, ces larmes d'un grand homme !
Comment avez-vous pu dévorer si long-temps
Une douleur plus tendre et des maux plus touchans ?
De vos feux devant moi vous étouffiez la flamme.
Quoi donc ! l'ambition qui domine en votre âme

ACTE II, SCÈNE I.

Éteignait-elle en vous de si chers sentimens ?
Le sénat a-t-il fait vos plus cruels tourmens ?
Le haïssez-vous plus que vous n'aimez Tullie ?

TITUS.

Ah ! j'aime avec transport, je hais avec furie :
Je suis extrême en tout, je l'avoue, et mon cœur
Voudrait en tout se vaincre, et connaît son erreur.

MESSALA.

Et pourquoi, de vos mains déchirant vos blessures,
Déguiser votre amour, et non pas vos injures ?

TITUS.

Que veux-tu, Messala ? J'ai, malgré mon courroux,
Prodigué tout mon sang pour ce sénat jaloux :
Tu le sais, ton courage eut part à ma victoire.
Je sentais du plaisir à parler de ma gloire ;
Mon cœur, enorgueilli du succès de mon bras,
Trouvait de la grandeur à venger des ingrats ;
On confie aisément des malheurs qu'on surmonte :
Mais qu'il est accablant de parler de sa honte !

MESSALA.

Quelle est donc cette honte et ce grand repentir ?
Et de quels sentimens auriez-vous à rougir ?

TITUS.

Je rougis de moi-même et d'un feu téméraire,
Inutile, imprudent, à mon devoir contraire.

MESSALA.

Quoi donc ! l'ambition, l'amour et ses fureurs,
Sont-ce des passions indignes des grands cœurs ?

TITUS.

L'ambition, l'amour, le dépit, tout m'accable;
De ce conseil de rois l'orgueil insupportable
Méprise ma jeunesse et me refuse un rang
Brigué par ma valeur et payé par mon sang
Au milieu du dépit dont mon âme est saisie,
Je perds tout ce que j'aime, on m'enlève Tullie.
On te l'enlève, hélas! trop aveugle courroux!
Tu n'osais y prétendre, et ton cœur est jaloux.
Je l'avoûrai, ce feu, que j'avais su contraindre,
S'irrite en s'échappant, et ne peut plus s'éteindre.
Ami, c'en était fait, elle partait; mon cœur
De sa funeste flamme allait être vainqueur :
Je rentrais dans mes droits, je sortais d'esclavage.
Le ciel a-t-il marqué ce terme à mon courage?
Moi, le fils de Brutus, moi, l'ennemi des rois,
C'est du sang de Tarquin que j'attendrais des lois!
Elle refuse encor de m'en donner l'ingrate!
Et partout dédaigné, partout ma honte éclate.
Le dépit, la vengeance, et la honte, et l'amour,
De mes sens soulevés disposent tour à tour.

MESSALA.

Puis-je ici vous parler, mais avec confiance?

TITUS.

Toujours de tes conseils j'ai chéri la prudence.
Eh bien! fais-moi rougir de mes égaremens.

MESSALA.

J'approuve et votre amour et vos ressentimens.
Faudra-t-il donc toujours que Titus autorise

ACTE II, SCÈNE I.

Ce sénat de tyrans dont l'orgueil nous maîtrise?
Non; s'il vous faut rougir, rougissez en ce jour
De votre patience et non de votre amour.
Quoi! pour prix de vos feux et de tant de vaillance,
Citoyen sans pouvoir, amant sans espérance,
Je vous verrais languir, victime de l'état,
Oublié de Tullie et bravé du sénat?
Ah! peut-être, Seigneur, un cœur tel que le vôtre
Aurait pu gagner l'une et se venger de l'autre.

TITUS.

De quoi viens-tu flatter mon esprit éperdu?
Moi, j'aurais pu fléchir sa haine ou sa vertu!
N'en parlons plus : tu vois les fatales barrières
Qu'élèvent entre nous nos devoirs et nos pères :
Sa haine désormais égale mon amour.
Elle va donc partir?

MESSALA.

Oui, Seigneur, dès ce jour.

TITUS.

Je n'en murmure point. Le Ciel lui rend justice;
Il la fit pour régner.

MESSALA.

Ah! ce Ciel plus propice
Lui destinait peut-être un empire plus doux;
Et sans ce fier sénat, sans la guerre, sans vous...
Pardonnez : vous savez quel est son héritage;
Son frère ne vit plus, Rome était son partage.
Je m'emporte, Seigneur; mais si pour vous servir,
Si pour vous rendre heureux il ne faut que périr;
Si mon sang...

####### TITUS.

Non, ami, mon devoir est le maître.
Non, crois-moi, l'homme est libre au moment qu'il veut l'être.
Je l'avoue, il est vrai, ce dangereux poison
A pour quelques momens égaré ma raison ;
Mais le cœur d'un soldat sait dompter la mollesse ;
Et l'amour n'est puissant que par notre faiblesse.

####### MESSALA.

Vous voyez des Toscans venir l'ambassadeur ;
Cet honneur qu'il vous rend...

####### TITUS.

Ah, quel funeste honneur !
Que me veut-il ? C'est lui qui m'enlève Tullie ;
C'est lui qui met le comble au malheur de ma vie.

SCÈNE II.

TITUS, ARONS.

####### ARONS.

Après avoir en vain près de votre sénat
Tenté ce que j'ai pu pour sauver cet état,
Souffrez qu'à la vertu rendant un juste hommage
J'admire en liberté ce généreux courage,
Ce bras qui venge Rome, et soutient son pays
Au bord du précipice où le sénat l'a mis.
Ah ! que vous étiez digne et d'un prix plus auguste,
Et d'un autre adversaire, et d'un parti plus juste !
Et que ce grand courage, ailleurs mieux employé,
D'un plus digne salaire aurait été payé !

Il est, il est des rois, j'ose ici vous le dire,
Qui mettraient en vos mains le sort de leur empire,
Sans craindre ces vertus qu'ils admirent en vous,
Dont j'ai vu Rome éprise et le sénat jaloux.
Je vous plains de servir sous ce maître farouche,
Que le mérite aigrit, qu'aucun bienfait ne touche;
Qui, né pour obéir, se fait un lâche honneur
D'appesantir sa main sur son libérateur;
Lui qui, s'il n'usurpait les droits de la couronne,
Devrait prendre de vous les ordres qu'il vous donne.

TITUS.

Je rends grâce à vos soins, Seigneur, et mes soupçons
De vos bontés pour moi respectent les raisons.
Je n'examine point si votre politique
Pense armer mes chagrins contre ma république,
Et porter mon dépit, avec un art si doux,
Aux indiscrétions qui suivent le courroux.
Perdez moins d'artifice à tromper ma franchise;
Ce cœur est tout ouvert, et n'a rien qu'il déguise.
Outragé du sénat, j'ai droit de le haïr;
Je le hais : mais mon bras est prêt à le servir.
Quand la cause commune au combat nous appelle,
Rome au cœur de ses fils éteint toute querelle;
Vainqueurs de nos débats, nous marchons réunis;
Et nous ne connaissons que vous pour ennemis.
Voilà ce que je suis, et ce que je veux être.
Soit grandeur, soit vertu, soit préjugé peut-être,
Né parmi les Romains je périrai pour eux :
J'aime encor mieux, Seigneur, ce sénat rigoureux,

Tout injuste pour moi, tout jaloux qu'il peut être,
Que l'éclat d'une cour et le sceptre d'un maître.
Je suis fils de Brutus, et je porte en mon cœur
La liberté gravée, et les rois en horreur.

ARONS.

Ne vous flattez-vous point d'un charme imaginaire ?
Seigneur, ainsi qu'à vous la liberté m'est chère :
Quoique né sous un roi, j'en goûte les appas ;
Vous vous perdez pour elle, et n'en jouissez pas.
Est-il donc, entre nous, rien de plus despotique
Que l'esprit d'un état qui passe en république ?
Vos lois sont vos tyrans ; leur barbare rigueur
Devient sourde au mérite, au sang, à la faveur :
Le sénat vous opprime, et le peuple vous brave ;
Il faut s'en faire craindre, ou ramper leur esclave.
Le citoyen de Rome, insolent ou jaloux,
Ou hait votre grandeur, ou marche égal à vous.
Trop d'éclat l'effarouche ; il voit d'un œil sévère,
Dans le bien qu'on lui fait, le mal qu'on lui peut faire ;
Et d'un bannissement le décret odieux
Devient le prix du sang qu'on a versé pour eux.

Je sais bien que la cour, Seigneur, a ses naufrages ;
Mais ses jours sont plus beaux, son ciel a moins d'orages.
Souvent la liberté, dont on se vante ailleurs,
Étale auprès d'un roi ses dons les plus flatteurs !
Il récompense, il aime, il prévient les services :
La gloire auprès de lui ne fuit point les délices.
Aimé du souverain, de ses rayons couvert,
Vous ne servez qu'un maître, et le reste vous sert.

Ébloui d'un éclat qu'il respecte et qu'il aime,
Le vulgaire applaudit jusqu'à nos fautes même ;
Nous ne redoutons rien d'un sénat trop jaloux ;
Et les sévères lois se taisent devant nous.
Ah! que, né pour la cour, ainsi que pour les armes,
Des faveurs de Tarquin vous goûteriez les charmes !
Je vous l'ai déjà dit, il vous aimait, Seigneur ;
Il aurait avec vous partagé sa grandeur :
Du sénat à vos pieds la fierté prosternée
Aurait....

TITUS.

J'ai vu sa cour, et je l'ai dédaignée.
Je pourrais, il est vrai, mendier son appui,
Et, son premier esclave, être tyran sous lui.
Grâce au Ciel, je n'ai point cette indigne faiblesse ;
Je veux de la grandeur, et la veux sans bassesse :
Je sens que mon destin n'était point d'obéir ;
Je combattrai vos rois ; retournez les servir.

ARONS.

Je ne puis qu'approuver cet excès de constance ;
Mais songez que lui-même éleva votre enfance.
Il s'en souvient toujours : hier encor, Seigneur,
En pleurant avec moi son fils et son malheur,
Titus, me disait-il, soutiendrait ma famille,
Et lui seul méritait mon empire et ma fille.

TITUS, *en se détournant.*

Sa fille ! dieux ! Tullie ! O vœux infortunés !

ARONS, *en regardant Titus.*

Je la ramène au roi que vous abandonnez ;

Elle va, loin de vous et loin de sa patrie,
Accepter pour époux le roi de Ligurie :
Vous cependant ici servez votre sénat,
Persécutez son père, opprimez son état.
J'espère que bientôt ces voûtes embrasées,
Ce Capitole en cendre, et ces tours écrasées,
Du sénat et du peuple éclairant les tombeaux,
A cet hymen heureux vont servir de flambeaux.

SCÈNE III.

TITUS, MESSALA.

TITUS.

Ah ! mon cher Messala, dans quel trouble il me laisse !
Tarquin me l'eût donné ! ô douleur qui me presse !
Moi, j'aurais pu !... mais non, ministre dangereux,
Tu venais épier les secrets de mes feux.
Hélas ! en me voyant se peut-il qu'on l'ignore ?
Il a lu dans mes yeux l'ardeur qui me dévore.
Certain de ma faiblesse, il retourne à sa cour
Insulter aux projets d'un téméraire amour.
J'aurais pu l'épouser, lui consacrer ma vie !
Le Ciel à mes désirs eût destiné Tullie !
Malheureux que je suis !

MESSALA.

Vous pourriez être heureux ;
Arons pourrait servir vos légitimes feux.
Croyez-moi.

TITUS.

Bannissons un espoir si frivole :
Rome entière m'appelle aux murs du Capitole;
Le peuple rassemblé sous ces arcs triomphaux,
Tout chargés de ma gloire et pleins de mes travaux,
M'attend pour commencer les sermens redoutables
De notre liberté garans inviolables.

MESSALA.

Allez servir ces rois.

TITUS.

Oui, je les veux servir ;
Oui, tel est mon devoir, et je le veux remplir.

MESSALA.

Vous gémissez pourtant !

TITUS.

Ma victoire est cruelle.

MESSALA.

Vous l'achetez trop cher.

TITUS.

Elle en sera plus belle.
Ne m'abandonne point dans l'état où je suis.

MESSALA.

Allons, suivons ses pas ; aigrissons ses ennuis;
Enfonçons dans son cœur le trait qui le déchire.

SCÈNE IV.

BRUTUS, MESSALA.

BRUTUS.

Arrêtez, Messala ; j'ai deux mots à vous dire.

MESSALA.

A moi, Seigneur ?

BRUTUS.

A vous. Un funeste poison
Se répand en secret sur toute ma maison.
Tibérinus, mon fils, aigri contre son frère,
Laisse éclater déjà sa jalouse colère ;
Et Titus, animé d'un autre emportement,
Suit contre le sénat son fier ressentiment.
L'ambassadeur toscan, témoin de leur faiblesse,
En profite avec joie autant qu'avec adresse ;
Il leur parle, et je crains les discours séduisans
D'un ministre vieilli dans l'art des courtisans.
Il devait dès demain retourner vers son maître ;
Mais un jour quelquefois est beaucoup pour un traître.
Messala, je prétends ne rien craindre de lui ;
Allez lui commander de partir aujourd'hui :
Je le veux.

MESSALA.

C'est agir sans doute avec prudence,
Et vous serez content de mon obéissance.

BRUTUS.

Ce n'est pas tout : mon fils avec vous est lié ;

Je sais sur son esprit ce que peut l'amitié.
Comme sans artifice, il est sans défiance :
Sa jeunesse est livrée à votre expérience.
Plus il se fie à vous, plus je dois espérer
Qu'habile à le conduire, et non à l'égarer,
Vous ne voudrez jamais, abusant de son âge,
Tirer de ses erreurs un indigne avantage,
Le rendre ambitieux, et corrompre son cœur.

MESSALA.

C'est de quoi dans l'instant je lui parlais, Seigneur.
Il sait vous imiter, servir Rome et lui plaire ;
Il aime aveuglément sa patrie et son père.

BRUTUS.

Il le doit : mais surtout il doit aimer les lois ;
Il doit en être esclave, en porter tout le poids.
Qui veut les violer n'aime point sa patrie.

MESSALA.

Nous avons vu tous deux si son bras l'a servie.

BRUTUS.

Il a fait son devoir.

MESSALA.

Et Rome eût fait le sien
En rendant plus d'honneur à ce cher citoyen.

BRUTUS.

Non, non ; le consulat n'est point fait pour son âge ;
J'ai moi-même à mon fils refusé mon suffrage.
Croyez-moi, le succès de son ambition
Serait le premier pas vers la corruption :
Le prix de la vertu serait héréditaire.

Bientôt l'indigne fils du plus vertueux père,
Trop assuré d'un rang d'autant moins mérité,
L'attendrait dans le luxe et dans l'oisiveté ;
Le dernier des Tarquins en est la preuve insigne.
Qui naquit dans la pourpre en est rarement digne.
Nous préservent les cieux d'un si funeste abus,
Berceau de la mollesse et tombeau des vertus !
Si vous aimez mon fils, je me plais à le croire,
Représentez-lui mieux sa véritable gloire ;
Étouffez dans son cœur un orgueil insensé :
C'est en servant l'état qu'il est récompensé.
De toutes les vertus mon fils doit un exemple :
C'est l'appui des Romains que dans lui je contemple ;
Plus il a fait pour eux, plus j'exige aujourd'hui.
Connaissez à mes vœux l'amour que j'ai pour lui ;
Tempérez cet ardeur de l'esprit d'un jeune homme :
Le flatter, c'est le perdre, et c'est outrager Rome.

MESSALA.

Je me bornais, Seigneur, à le suivre aux combats ;
J'imitais sa valeur, et ne l'instruisais pas.
J'ai peu d'autorité ; mais, s'il daigne me croire,
Rome verra bientôt comme il chérit la gloire.

BRUTUS.

Allez donc, et jamais n'encensez ses erreurs ;
Si je hais les tyrans, je hais plus les flatteurs.

SCÈNE V.

MESSALA.

Il n'est point de tyran plus dur, plus haïssable
Que la sévérité de ton cœur intraitable.
Va, je verrai peut-être à mes pieds abattu
Cet orgueil insultant de ta fausse vertu.
Colosse, qu'un vil peuple éleva sur nos têtes,
Je pourrai t'écraser, et les foudres sont prêtes.

FIN DU SECOND ACTE.

ACTE III.

SCÈNE PREMIÈRE.

ARONS, ALBIN, MESSALA.

ARONS, *une lettre à la main.*

Je commence à goûter une juste espérance ;
Vous m'avez bien servi par tant de diligence.
Tout succède à mes vœux. Oui, cette lettre, Albin,
Contient le sort de Rome et celui de Tarquin.
Avez-vous dans le camp réglé l'heure fatale ?
A-t-on bien observé la porte Quirinale ?
L'assaut sera-t-il prêt, si par nos conjurés
Les remparts cette nuit ne nous sont point livrés ?
Tarquin est-il content ? crois-tu qu'on l'introduise
Ou dans Rome sanglante, ou dans Rome soumise ?

ALBIN.

Tout sera prêt, Seigneur, au milieu de la nuit
Tarquin de vos projets goûte déjà le fruit ;
Il pense de vos mains tenir son diadème ;
Il vous doit, a-t-il dit, plus qu'à Porsenna même.

ARONS.

Ou les dieux, ennemis d'un prince malheureux,
Confondront des desseins si grands, si dignes d'eux ;

Ou demain sous ses rois Rome sera rangée ;
Rome en cendres peut-être, et dans son sang plongée.
Mais il vaut mieux qu'un roi, sur le trône remis,
Commande à des sujets malheureux et soumis,
Que d'avoir à dompter, au sein de l'abondance,
D'un peuple trop heureux l'indocile arrogance.
  (à Albin.)
Allez ; j'attends ici la princesse en secret.
  (à Messala.)
Messala, demeurez.

SCÈNE II.

ARONS, MESSALA.

ARONS.

Eh bien ! qu'avez-vous fait?
Avez-vous de Titus fléchi le fier courage?
Dans le parti des rois pensez-vous qu'il s'engage?

MESSALA.

Je vous l'avais prédit ; l'inflexible Titus
Aime trop sa patrie, et tient trop de Brutus.
Il se plaint du sénat ; il brûle pour Tullie ;
L'orgueil, l'ambition, l'amour, la jalousie,
Le feu de son jeune âge et de ses passions,
Semblaient ouvrir son âme à mes séductions.
Cependant, qui l'eût cru? la liberté l'emporte ;
Son amour est au comble, et Rome est la plus forte.
J'ai tenté par degrés d'effacer cette horreur
Que pour le nom de roi Rome imprime en son cœur.

En vain j'ai combattu ce préjugé sévère ;
Le seul nom des Tarquins irritait sa colère ;
De son entretien même il m'a soudain privé ;
Et je hasardais trop si j'avais achevé.

ARONS.

Ainsi de le fléchir Messala désespère.

MESSALA.

J'ai trouvé moins d'obstacle à vous donner son frère,
Et j'ai du moins séduit un des fils de Brutus ?

ARONS.

Quoi ! vous auriez déjà gagné Tibérinus ?
Par quels ressorts secrets, par quelle heureuse intrigue ?

MESSALA.

Son ambition seule a fait toute ma brigue.
Avec un œil jaloux il voit depuis long-temps
De son frère et de lui les honneurs différens ;
Ces drapeaux suspendus à ces voûtes fatales,
Ces festons de lauriers, ces pompes triomphales,
Tous les cœurs des Romains et celui de Brutus
Dans ces solemnités volant devant Titus,
Sont pour lui des affronts, qui, dans son âme aigrie,
Échauffent le poison de sa secrète envie.
Et cependant Titus, sans haine et sans courroux,
Trop au-dessus de lui pour en être jaloux,
Lui tend encor la main de son char de victoire,
Et semble en l'embrassant l'accabler de sa gloire.
J'ai saisi ces momens ; j'ai su peindre à ses yeux
Dans une cour brillante un rang plus glorieux ;
J'ai pressé, jai promis, au nom de Tarquin même,

Tous les honneurs de Rome après le rang suprême :
Je l'ai vu s'éblouir, je l'ai vu s'ébranler ;
Il est à vous, Seigneur, et cherche à vous parler.

ARONS.

Pourra-t-il nous livrer la porte Quirinale ?

MESSALA.

Titus seul y commande, et sa vertu fatale
N'a que trop arrêté le cours de vos destins ;
C'est un dieu qui préside au salut des Romains.
Gardez de hasarder cette attaque soudaine,
Sûre avec son appui, sans lui trop incertaine.

ARONS.

Mais si du consulat il a brigué l'honneur,
Pourrait-il dédaigner la suprême grandeur ;
Et Tullie, et le trône, offerts à son courage ?

MESSALA.

Le trône est un affront à sa vertu sauvage.

ARONS.

Mais il aime Tullie.

MESSALA.

Il l'adore, Seigneur ;
Il l'aime d'autant plus qu'il combat son ardeur.
Il brûle pour la fille en détestant le père ;
Il craint de lui parler, il gémit de se taire ;
Il la cherche, il la fuit, il dévore ses pleurs ;
Et de l'amour encore il n'a que les fureurs.
Dans l'agitation d'un si cruel orage,
Un moment quelquefois renverse un grand courage.
Je sais quel est Titus : ardent, impétueux,

S'il se rend, il ira plus loin que je ne veux.
La fière ambition qu'il renferme dans l'âme
Au flambeau de l'amour peut rallumer sa flamme.
Avec plaisir sans doute il verrait à ses pieds
Des sénateurs tremblans les fronts humiliés :
Mais je vous tromperais, si j'osais vous promettre
Qu'à cet amour fatal il veuille se soumettre,
Je veux parler encore, et je vais aujourd'hui...

ARONS.

Puisqu'il est amoureux, je compte encor sur lui.
Un regard de Tullie, un seul mot de sa bouche
Peut plus, pour amollir cette vertu farouche,
Que les subtils détours et tout l'art séducteur
D'un chef de conjurés et d'un ambassadeur.
N'espérons des humains rien que par leur faiblesse.
L'ambition de l'un, de l'autre la tendresse,
Voilà les conjurés qui serviront mon roi ;
C'est d'eux que j'attends tout : ils sont plus forts que moi.

(Tullie entre. Messala se retire.)

SCÈNE III.

TULLIE, ARONS, ALGINE.

ARONS.

Madame, en ce moment je reçois cette lettre
Qu'en vos augustes mains mon ordre est de remettre,
Et que jusqu'en la mienne a fait passer Tarquin.

TULLIE.

Dieux ! protégez mon père, et changez son destin !

ACTE III, SCÈNE III.

(*Elle lit.*)

» Le trône des Romains peut sortir de sa cendre :
« Le vainqueur de son roi peut en être l'appui :
« Titus est un héros ; c'est à lui de défendre
« Un sceptre que je veux partager avec lui.
« Vous, songez que Tarquin vous a donné la vie ;
« Songez que mon destin va dépendre de vous.
« Vous pourriez refuser le roi de Ligurie ;
« Si Titus vous est cher, il sera votre époux. »
    Ai-je bien lu ?.. Titus ?.. Seigneur... est-il possible ?
Tarquin, dans ses malheurs jusqu'alors inflexible,
Pourrait...? mais d'où sait-il...? et comment...? Ah !
    Seigneur !
Ne veut-on qu'arracher les secrets de mon cœur ?
Épargnez les chagrins d'une triste princesse ;
Ne tendez point de piége à ma faible jeunesse.

ARONS.

Non, Madame, à Tarquin je ne sais qu'obéir,
Écouter mon devoir, me taire, et vous servir ;
Il ne m'appartient point de chercher à comprendre
Des secrets qu'en mon sein vous craignez de répandre.
Je ne veux point lever un œil présomptueux
Vers le voile sacré que vous jetez sur eux ;
Mon devoir seulement m'ordonne de vous dire
Que le Ciel veut par vous relever cet empire,
Que ce trône est un prix qu'il met à vos vertus.

TULLIE.

Je servirais mon père, et serais à Titus !
Seigneur, il se pourrait...

ARONS.

N'en doutez point, princesse,
Pour le sang de ses rois ce héros s'intéresse.
De ces républicains la triste austérité
De son cœur généreux révolte la fierté;
Les refus du sénat ont aigri son courage :
Il penche vers son prince : achevez cet ouvrage.
Je n'ai point dans son cœur prétendu pénétrer;
Mais puisqu'il vous connaît, il vous doit adorer.
Quel œil, sans s'éblouir, peut voir un diadème
Présenté par vos mains, embelli par vous-même?
Parlez-lui seulement, vous pourrez tout sur lui;
De l'ennemi des rois triomphez aujourd'hui;
Arrachez au sénat, rendez à votre père
Ce grand appui de Rome et son dieu tutélaire;
Et méritez l'honneur d'avoir entre vos mains
Et la cause d'un père, et le sort des Romains.

SCÈNE IV.

TULLIE, ALGINE.

TULLIE.

Ciel! que je dois d'encens à ta bonté propice!
Mes pleurs t'ont désarmé, tout change; et ta justice,
Aux feux dont j'ai rougi rendant leur pureté,
En les récompensant, les met en liberté.
    (à *Algine*.)
Va le chercher, va, cours. Dieux! il m'évite encore!

ACTE III, SCÈNE IV.

Faut-il qu'il soit heureux, hélas! et qu'il l'ignore?
Mais... n'écouté-je point un espoir trop flatteur?
Titus pour le sénat a-t-il donc tant d'horreur?
Que dis-je? hélas! devrais-je au dépit qui le presse
Ce que j'aurais voulu devoir à sa tendresse?

ALGINE.

Je sais que le sénat alluma son courroux
Qu'il est ambitieux, et qu'il brûle pour vous.

TULLIE.

Il fera tout pour moi, n'en doute point: il m'aime.
Va, dis-je...

(*Algine sort.*)

Cependant ce changement extrême...
Ce billet!... De quels soins mon cœur est combattu!
Éclatez, mon amour, ainsi que ma vertu!
La gloire, la raison, le devoir, tout l'ordonne.
Quoi! mon père à mes feux va devoir sa couronne!
De Titus et de lui je serai le lien!
Le bonheur de l'état va donc naître du mien!
Toi que je peux aimer, quand pourrai-je t'apprendre
Ce changement du sort où nous n'osions prétendre?
Quand pourrai-je, Titus, dans mes justes transports,
T'entendre sans regrets, te parler sans remords?
Tous mes maux sont finis: Rome, je te pardonne,
Rome, tu vas servir, si Titus t'abandonne;
Sénat, tu vas tomber, si Titus est à moi:
Ton héros m'aime; tremble, et reconnais ton roi.

SCÈNE V.

TITUS, TULLIE.

TITUS.

Madame, est-il bien vrai? daignez-vous voir encore
Cet odieux Romain que votre cœur abhorre,
Si justement haï, si coupable envers vous,
Cet ennemi?

TULLIE.

Seigneur, tout est changé pour nous.
Le destin me permet... Titus.. il faut me dire
Si j'avais sur votre âme un véritable empire.

TITUS.

Eh! pouvez-vous douter de ce fatal pouvoir,
De mes feux, de mon crime et de mon désespoir?
Vous ne l'avez que trop cet empire funeste :
L'amour vous a soumis mes jours, que je déteste,
Commandez, épuisez votre juste courroux ;
Mon sort est en vos mains.

TULLIE.

Le mien dépend de vous.

TITUS.

De moi! Titus tremblant ne vous en croit qu'à peine;
Moi, je ne serais plus l'objet de votre haine!
Ah! princesse, achevez; quel espoir enchanteur
M'élève en un moment au faîte du bonheur!

TULLIE, *en donnant la lettre.*

Lisez, rendez heureux, vous, Tullie, et mon père.

(*Tandis qu'il lit.*)
Je puis donc me flatter... Mais quel regard sévère?
D'où vient ce morne accueil, et ce front consterné?
Dieux!...

TITUS.

Je suis des mortels le plus infortuné!
Le sort, dont la rigueur à m'accabler s'attache,
M'a montré mon bonheur et soudain me l'arrache;
Et, pour combler les maux que mon cœur a soufferts,
Je puis vous posséder, je vous aime, et vous perds.

TULLIE.

Vous, Titus?

TITUS.

Ce moment a condamné ma vie
Au comble des horreurs ou de l'ignominie,
A trahir Rome ou vous; et je n'ai désormais
Que le choix des malheurs ou celui des forfaits.

TULLIE.

Que dis-tu? quand ma main te donne un diadème,
Quand tu peux m'obtenir, quand tu vois que je t'aime!
Je ne m'en cache plus; un trop juste pouvoir,
Autorisant mes vœux, m'en a fait un devoir.
Hélas! j'ai cru ce jour le plus beau de ma vie;
Et le premier moment où mon âme ravie
Peut de ses sentimens s'expliquer sans rougir,
Ingrat, est le moment qu'il m'en faut repentir!
Que m'oses-tu parler de malheur et de crime!
Ah! servir des ingrats contre un roi légitime,
M'opprimer, me chérir, détester mes bienfaits.

Ce sont là mes malheurs, et voilà tes forfaits.
Ouvre les yeux, Titus, et mets dans la balance
Les refus du sénat, et la toute-puissance.
Choisis de recevoir ou de donner la loi,
D'un vil peuple ou d'un trône, et de Rome ou de moi.
Inspirez-lui, grands dieux! le parti qu'il doit prendre.

TITUS, *en lui rendant la lettre.*

Mon choix est fait.

TULLIE.

Eh bien! crains-tu de me l'apprendre?
Parle, ose mériter ta grâce ou mon courroux.
Quel sera ton destin?...

TITUS.

D'être digne de vous,
Digne encor de moi-même, à Rome encor fidèle;
Brûlant d'amour pour vous, de combattre pour elle;
D'adorer vos vertus, mais de les imiter;
De vous perdre, Madame, et de vous mériter.

TULLIE.

Ainsi donc pour jamais...

TITUS.

Ah! pardonnez, princesse:
Oubliez ma fureur, épargnez ma faiblesse;
Ayez pitié d'un cœur de soi-même ennemi,
Moins malheureux cent fois quand vous l'avez haï.
Pardonnez, je ne puis vous quitter ni vous suivre :
Ni pour vous, ni sans vous, Titus ne saurait vivre;
Et je mourrai plutôt qu'un autre ait votre foi.

TULLIE.
Je te pardonne tout, elle est encore à toi.
TITUS.
Eh bien! si vous m'aimez, ayez l'âme romaine,
Aimez ma république, et soyez plus que reine;
Apportez-moi pour dot, au lieu du rang des rois,
L'amour de mon pays, et l'amour de mes lois.
Acceptez aujourd'hui Rome pour votre mère,
Son vengeur pour époux, Brutus pour votre père :
Que les Romains, vaincus en générosité,
A la fille des rois doivent leur liberté.
TULLIE.
Qui? moi, j'irai trahir...?
TITUS.
Mon désespoir m'égare :
Non, toute trahison est indigne et barbare.
Je sais ce qu'est un père, et ses droits absolus;
Je sais... que je vous aime... et ne me connais plus.
TULLIE.
Écoute au moins ce sang qui m'a donné la vie.
TITUS.
Eh! dois-je écouter moins mon sang et ma patrie?
TULLIE.
Ta patrie! ah! barbare! en est-il donc sans moi?
TITUS.
Nous sommes ennemis.... La nature, la loi
Nous impose à tous deux un devoir si farouche.
TULLIE.
Nous ennemis! ce nom peut sortir de ta bouche!

TITUS.

Tout mon cœur la dément.

TULLIE.

Ose donc me servir;
Tu m'aimes, venge-moi.

SCÈNE VI.

BRUTUS, ARONS, TITUS, TULLIE, MESSALA, ALBIN, PROCULUS, LICTEURS.

BRUTUS, *à Tullie*.

Madame, il faut partir.
Dans les premiers éclats des tempêtes publiques
Rome n'a pu vous rendre à vos dieux domestiques;
Tarquin même en ce temps, prompt à vous oublier,
Et du soin de nous perdre occupé tout entier,
Dans nos calamités confondant sa famille,
N'a pas même aux Romains redemandé sa fille.
Souffrez que je rappelle un triste souvenir :
Je vous privai d'un père, et dus vous en servir.
Allez, et que du trône où le Ciel vous appelle,
L'inflexible équité soit la garde éternelle.
Pour qu'on vous obéisse, obéissez aux lois;
Tremblez en contemplant tout le devoir des rois;
Et si de vos flatteurs la funeste malice
Jamais dans votre cœur ébranlait la justice ;
Prête alors d'abuser du pouvoir souverain,
Souvenez-vous de Rome, et songez à Tarquin :

Et que ce grand exemple, où mon espoir se fonde,
Soit la leçon des rois et le bonheur du monde.
   (*à Arons.*)
Le sénat vous la rend, Seigneur; et c'est à vous
De la remettre aux mains d'un père et d'un époux:
Proculus va vous suivre à la porte sacrée.
   TITUS, *éloigné.*
O de ma passion fureur désespérée!
      (*Il va vers Arons.*)
Je ne souffrirai point, non... permettez, Seigneur...
  (*Brutus et Tullie sortent avec leur suite.*)
   (*Arons et Messala restent.*)
Dieux! ne mourrai-je point de honte et de douleur?
 (*à Arons.*)
Pourrai-je vous parler?
   ARONS.
     Seigneur, le temps me presse,
Il me faut suivre ici Brutus et la princesse;
Je puis d'une heure encor retarder son départ;
Craignez, Seigneur, craignez de me parler trop tard.
Dans son appartement nous pouvons l'un et l'autre
Parler de ses destins, et peut-être du vôtre.
     (*Il sort.*)

SCÈNE VII.

TITUS, MESSALA.

TITUS.

Sort qui nous a rejoints, et qui nous désunis !
Sort, ne nous as-tu faits que pour être ennemis?
Ah ! cache, si tu peux, ta fureur et tes larmes.

MESSALA.

Je plains tant de vertus, tant d'amour et de charmes;
Un cœur tel que le sien méritait d'être à vous.

TITUS.

Non, c'en est fait; Titus n'en sera point l'époux.

MESSALA.

Pourquoi? Quel vain scrupule à vos désirs s'oppose?

TITUS.

Abominables lois que la cruelle impose !
Tyrans que j'ai vaincus, je pourrais vous servir !
Peuples que j'ai sauvés, je pourrais vous trahir !
L'amour, dont j'ai six mois vaincu la violence,
L'amour aurait sur moi cette affreuse puissance !
J'exposerais mon père à ses tyrans cruels !
Et quel père? un héros, l'exemple des mortels,
L'appui de son pays, qui m'instruisit à l'être,
Que j'imitai, qu'un jour j'eusse égalé peut-être.
Après tant de vertus quel horrible destin !

MESSALA.

Vous eûtes les vertus d'un citoyen romain ;

ACTE III, SCÈNE VII.

Il ne tiendra qu'à vous d'avoir celles d'un maître :
Seigneur, vous serez roi dès que vous voudrez l'être.
Le Ciel met dans vos mains, en ce moment heureux,
La vengeance, l'empire et l'objet de vos feux.
Que dis-je? ce consul, ce héros que l'on nomme
Le père, le soutien, le fondateur de Rome,
Qui s'enivre à vos yeux de l'encens des humains
Sur les débris d'un trône écrasé par vos mains,
S'il eût mal soutenu cette grande querelle,
S'il n'eût vaincu par vous, il n'était qu'un rebelle.
Seigneur, embellissez ce grand nom de vainqueur
Du nom plus glorieux de pacificateur ;
Daignez nous ramener ces jours où nos ancêtres
Heureux, mais gouvernés, libres, mais sous des maîtres,
Pesaient dans la balance, avec un même poids,
Les intérêts du peuple et la grandeur des rois.
Rome n'a point pour eux une haine immortelle ;
Rome va les aimer si vous régnez sur elle.
Ce pouvoir souverain que j'ai vu tour à tour
Attirer de ce peuple et la haine et l'amour,
Qu'on craint en des états, et qu'ailleurs on désire,
Est des gouvernemens le meilleur ou le pire :
Affreux sous un tyran, divin sous un bon roi.

TITUS.

Messala, songez-vous que vous parlez à moi?
Que désormais en vous je ne vois plus qu'un traître ;
Et qu'en vous épargnant je commence de l'être?

MESSALA.

Eh bien ! apprenez donc que l'on va vous ravir

L'inestimable honneur dont vous n'osez jouir ;
Qu'un autre accomplira ce que vous pouviez faire.

TITUS.

Un autre ! arrête ; dieux ! parle... qui ?

MESSALA.

Votre frère.

TITUS.

Mon frère ?

MESSALA.

A Tarquin même il a donné sa foi.

TITUS.

Mon frère trahit Rome ?

MESSALA.

Il sert Rome et son roi.
Et Tarquin, malgré vous, n'acceptera pour gendre
Que celui des Romains qui l'aura pu défendre.

TITUS.

Ciel !.. perfide !.. écoutez : mon cœur long-temps séduit
A méconnu l'abîme où vous m'avez conduit.
Vous pensez me réduire au malheur nécessaire
D'être ou le délateur, ou complice d'un frère :
Mais plutôt votre sang...

MESSALA.

Vous pouvez m'en punir ;
Frappez, je le mérite en voulant vous servir :
Du sang de votre ami que cette main fumante
Y joigne encor le sang d'un frère et d'une amante ;
Et, leur tête à la main, demandez au sénat,
Pour prix de vos vertus, l'honneur du consulat ;

Ou moi-même à l'instant, déclarant les complices,
Je m'en vais commencer ces affreux sacrifices.

TITUS.

Demeure, malheureux, ou crains mon désespoir.

SCÈNE VIII.

TITUS, MESSALA, ALBIN.

ALBIN.

L'ambassadeur toscan peut maintenant vous voir;
Il est chez la princesse.

TITUS.

... Oui, je vais chez Tullie...
J'y cours. O dieux de Rome ! O dieux de ma patrie !
Frappez, percez ce cœur de sa honte alarmé,
Qui serait vertueux, s'il n'avait point aimé.
C'est donc à vous, sénat, que tant d'amour s'immole ?
A vous, ingrats !... Allons...

(à Messala.)
Tu vois ce Capitole
Tout plein des monumens de ma fidélité.

MESSALA.

Songez qu'il est rempli d'un sénat détesté.

TITUS.

Je le sais. Mais... du Ciel qui tonne sur ma tête
J'entends la voix qui crie : Arrête, ingrat, arrête !
Tu trahis ton pays... Non, Rome ! non, Brutus !

Dieux qui me secourez, je suis encor Titus.
La gloire a de mes jours accompagné la course;
Je n'ai point de mon sang déshonoré la source,
Votre victime est pure; et s'il faut qu'aujourd'hui
Titus soit aux forfaits entraîné malgré lui,
S'il faut que je succombe au destin qui m'opprime,
Dieux ! sauvez les Romains, frappez avant le crime !

FIN DU TROISIÈME ACTE.

ACTE IV.

SCÈNE PREMIÈRE.

TITUS, ARONS, MESSALA.

TITUS.

Oui, j'y suis résolu, partez ; c'est trop attendre :
Honteux, désespéré, je ne veux rien entendre ;
Laissez-moi ma vertu, laissez-moi mes malheurs.
Fort contre vos raisons, faible contre ses pleurs,
Je ne la verrai plus. Ma fermeté trahie
Craint moins tous vos tyrans qu'un regard de Tullie.
Je ne la verrai plus ! oui, qu'elle parte... Ah dieux !

ARONS.

Pour vos intérêts seuls arrêté dans ces lieux
J'ai bientôt passé l'heure avec peine accordée
Que vous-même, Seigneur, vous m'aviez demandée.

TITUS.

Moi, je l'ai demandée ?

ARONS.

Hélas ! que pour vous deux
J'attendais en secret un destin plus heureux !
J'espérais couronner des ardeurs si parfaites ;
Il n'y faut plus penser.

####### TITUS.

Ah, cruel que vous êtes !
Vous avez vu ma honte et mon abaissement;
Vous avez vu Titus balancer un moment.
Allez, adroit témoin de mes lâches tendresses,
Allez à vos deux rois annoncer mes faiblesses;
Contez à ces tyrans terrassés par mes coups
Que le fils de Brutus a pleuré devant vous.
Mais ajoutez au moins que parmi tant de larmes,
Malgré vous et Tullie, et ses pleurs et ses charmes,
Vainqueur encor de moi, libre, et toujours Romain,
Je ne suis point soumis par le sang de Tarquin;
Que rien ne me surmonte, et que je jure encore
Une guerre éternelle à ce sang que j'adore.

####### ARONS.

J'excuse la douleur où vos sens sont plongés;
Je respecte en partant vos tristes préjugés.
Loin de vous accabler, avec vous je soupire.
Elle en mourra, c'est tout ce que je peux vous dire.
Adieu, Seigneur.

####### MESSALA.

O Ciel !

SCÈNE II.

TITUS, MESSALA.

####### TITUS.

Non, je ne puis souffrir
Que des remparts de Rome on la laisse sortir :
Je veux la retenir au péril de ma vie.

MESSALA.

Vous voulez...

TITUS.

Je suis loin de trahir ma patrie.
Rome l'emportera, je le sais; mais enfin
Je ne puis séparer Tullie et mon destin.
Je respire, je vis, je périrai pour elle.
Prends pitié de mes maux, courons, et que ton zèle
Soulève nos amis, rassemble nos soldats :
En dépit du sénat je retiendrai ses pas ;
Je prétends que dans Rome elle reste en otage :
Je le veux.

MESSALA.

Dans quels soins votre amour vous engage !
Et que prétendez-vous par ce coup dangereux,
Que d'avouer sans fruit un amour malheureux ?

TITUS.

Eh bien ! c'est au sénat qu'il faut que je m'adresse.
Va de ces rois de Rome adoucir la rudesse ;
Dis-leur que l'intérêt de l'état, de Brutus...
Hélas, que je m'emporte en desseins superflus !

MESSALA.

Dans la juste douleur où votre âme est en proie,
Il faut, pour vous servir...

TITUS.

Il faut que je la voie ;
Il faut que je lui parle. Elle passe en ces lieux ;
Elle entendra du moins mes éternels adieux.

BRUTUS.

MESSALA.

Parlez-lui, croyez-moi.

TITUS.

Je suis perdu, c'est elle.

SCÈNE III.

TITUS, MESSALA, TULLIE, ALGINE.

ALGINE.

On vous attend, Madame.

TULLIE.

Ah, sentence cruelle !
L'ingrat me touche encore, et Brutus à mes yeux
Paraît un dieu terrible armé contre nous deux.
J'aime, je crains, je pleure, et tout mon cœur s'égare.
Allons.

TITUS.

Non, demeurez.

TULLIE.

Que me veux-tu barbare ?
Me tromper, me braver ?

TITUS.

Ah ! dans ce jour affreux
Je sais ce que je dois, et non ce que je veux ;
Je n'ai plus de raison, vous me l'avez ravie.
Eh bien ! guidez mes pas, gouvernez ma furie ;
Régnez donc en tyran sur mes sens éperdus ;
Dictez, si vous l'osez, les crimes de Titus.
Non, plutôt que je livre aux flammes, au carnage,

Ces murs, ces citoyens qu'a sauvés mon courage ;
Qu'un père, abandonné par un fils furieux,
Sous le fer de Tarquin...

TULLIE.

M'en préservent les dieux !
La nature te parle, et sa voix m'est trop chère ;
Tu m'as trop bien appris à trembler pour un père ;
Rassure-toi : Brutus est désormais le mien ;
Tout mon sang est à toi, qui te répond du sien ;
Notre amour, mon hymen, mes jours en sont le gage.
Je serai dans tes mains sa fille, son otage.
Peux-tu délibérer ? Penses-tu qu'en secret
Brutus te vit au trône avec tant de regret ?
Il n'a point sur son front placé le diadème ;
Mais, sous un autre nom, n'est-il pas roi lui-même ?
Son règne est d'une année, et bientôt.... Mais, hélas !
Que de faibles raisons, si tu ne m'aimes pas !
Je ne dis plus qu'un mot. Je pars... et je t'adore.
Tu pleures, tu frémis, il en est temps encore ;
Achève, parle, ingrat ! que te faut-il de plus ?

TITUS.

Votre haine ; elle manque au malheur de Titus.

TULLIE.

Ah ! c'est trop essuyer tes indignes murmures,
Tes vains engagemens, tes plaintes, tes injures ;
Je te rends ton amour dont le mien est confus,
Et tes trompeurs sermens, pires que tes refus.
Je n'irai point chercher au fond de l'Italie
Ces fatales grandeurs que je te sacrifie,

Et pleurer loin de Rome, entre les bras d'un roi,
Cet amour malheureux que j'ai senti pour toi.
J'ai réglé mon destin; Romain dont la rudesse
N'affecte de vertu que contre ta maîtresse,
Héros pour m'accabler, timide à me servir :
Incertain dans tes vœux, apprends à les remplir.
Tu verras qu'une femme, à tes yeux méprisable,
Dans ses projets au moins était inébranlable ;
Et par la fermeté dont ce cœur est armé,
Titus, tu connaîtras comme il t'aurait aimé.
Au pied de ces murs même où régnaient mes ancêtres,
De ces murs que ta main défend contre leurs maîtres,
Où tu m'oses trahir, et m'outrager comme eux,
Où ma foi fut séduite, où tu trompas mes feux,
Je jure à tous les dieux qui vengent les parjures,
Que mon bras, dans mon sang effaçant mes injures,
Plus juste que le tien, mais moins irrésolu,
Ingrat, va me punir de t'avoir mal connu ;
Et je vais....

TITUS, *l'arrêtant.*

Non, Madame, il faut vous satisfaire :
Je le veux, j'en frémis, et j'y cours pour vous plaire :
D'autant plus malheureux, que, dans ma passion,
Mon cœur n'a pour excuse aucune illusion ;
Que je ne goûte point, dans mon désordre extrême,
Le triste et vain plaisir de me tromper moi-même ;
Que l'amour aux forfaits me force de voler ;
Que vous m'avez vaincu sans pouvoir m'aveugler,
Et qu'encore indigné de l'ardeur qui m'anime,

ACTE IV, SCÈNE III.

Je chéris la vertu, mais j'embrasse le crime.
Haïssez-moi, fuyez, quittez un malheureux
Qui meurt d'amour pour vous, et déteste ses feux;
Qui va s'unir à vous sous ces affreux augures,
Parmi les attentats, le meurtre, et les parjures.

TULLIE.

Vous insultez, Titus, à ma funeste ardeur;
Vous sentez à quel point vous régnez dans mon cœur.
Oui, je vis pour toi seul, oui, je te le confesse;
Mais malgré ton amour, mais malgré ma faiblesse,
Sois sûr que le trépas m'inspire moins d'effroi
Que la main d'un époux qui craindrait d'être à moi;
Qui se repentirait d'avoir servi son maître;
Que je fais souverain, et qui rougit de l'être.
    Voici l'instant affreux qui va nous éloigner.
Souviens-toi que je t'aime, et que tu peux régner.
L'ambassadeur m'attend; consulte, délibère :
Dans une heure avec moi tu reverras mon père.
Je pars, et je reviens sous ces murs odieux
Pour y entrer en reine, ou périr à tes yeux.

TITUS.

Vous ne périrez point. Je vais....

TULLIE.

                        Titus, arrête;
En me suivant plus loin tu hasardes ta tête;
On peut te soupçonner; demeure : adieu; résous
D'être mon meurtrier ou d'être mon époux.

SCÈNE IV.

TITUS.

Tu l'emportes cruelle, et Rome est asservie;
Reviens régner sur elle ainsi que sur ma vie;
Reviens; je vais me perdre, ou vais te couronner :
Le plus grand des forfaits est de t'abandonner.
Qu'on cherche Messala; ma fougueuse imprudence
A de son amitié lassé la patience.
Maîtresse, amis, Romains, je perds tout en un jour.

SCÈNE V.

TITUS, MESSALA.

TITUS.

Sers ma fureur enfin, sers mon fatal amour;
Viens, suis-moi.

MESSALA.

Commandez, tout est prêt : mes cohortes
Sont au mont Quirinal, et livreront les portes.
Tous nos braves amis vont jurer avec moi
De reconnaître en vous l'héritier de leur roi.
Ne perdez point de temps; déjà la nuit plus sombre
Voile nos grands desseins du secret de son ombre.

TITUS.

L'heure approche, Tullie en compte les momens....
Et Tarquin, après tout, eut mes premiers sermens.
Le sort en est jeté.
(Le fond du théâtre s'ouvre.)
Que vois-je? c'est mon père.

SCÈNE VI.

BRUTUS, TITUS, MESSALA, LICTEURS.

BRUTUS.

Viens, Rome est en danger, c'est en toi que j'espère.
Par un avis secret le sénat est instruit
Qu'on doit attaquer Rome au milieu de la nuit,
J'ai brigué pour mon sang, pour le héros que j'aime,
L'honneur de commander dans ce péril extrême :
Le sénat te l'accorde : arme-toi, mon cher fils ;
Une seconde fois va sauver ton pays ;
Pour notre liberté va prodiguer ta vie ;
Va, mort ou triomphant, tu feras mon envie.

TITUS.

Ciel!...

BRUTUS.

 Mon fils !...

TITUS.

  Remettez, Seigneur, en d'autres mains
Les faveurs du sénat et le sort des Romains.

MESSALA.

Ah ! quel désordre affreux de son âme s'empare !

BRUTUS.

Vous pourriez refuser l'honneur qu'on vous prépare ?

TITUS.

Qui ? moi, Seigneur ?

BRUTUS.

  Eh quoi ! votre cœur égaré

Des refus du sénat est encore ulcéré !
De vos prétentions je vois les injustices.
Ah ! mon fils, est-il temps d'écouter vos caprices ?
Vous avez sauvé Rome, et n'êtes pas heureux ?
Cet immortel honneur n'a pas comblé vos vœux ?
Mon fils au consulat a-t-il osé prétendre
Avant l'âge où les lois permettent de l'attendre ?
Va, cesse de briguer une indigne faveur ;
La place où je t'envoie est ton poste d'honneur ;
Va, ce n'est qu'aux tyrans que tu dois ta colère :
De l'état et de toi je sens que je suis père.
Donne ton sang à Rome, et n'en exige rien ;
Sois toujours un héros ; sois plus, sois citoyen.
Je touche, mon cher fils, au bout de ma carrière ;
Tes triomphantes mains vont fermer ma paupière ;
Mais, soutenu du tien, mon nom ne mourra plus ;
Je renaîtrai pour Rome, et vivrai dans Titus.
Que dis-je ? Je te suis. Dans mon âge débile
Les dieux ne m'ont donné qu'un courage inutile ;
Mais je te verrai vaincre, ou mourrai, comme toi,
Vengeur du nom romain, libre encore, et sans roi.

TITUS.

Ah, Messala !

SCÈNE VII.

BRUTUS, VALÉRIUS, TITUS, MESSALA.

VALÉRIUS.
Seigneur, faites qu'on se retire.

BRUTUS, *à son fils.*

Cours, vole...

(*Titus et Messala sortent.*)

VALÉRIUS.

On trahit Rome.

BRUTUS.

Ah! qu'entends-je?

VALÉRIUS.

On conspire,
Je n'en saurais douter; on nous trahit, Seigneur.
De cet affreux complot j'ignore encor l'auteur;
Mais le nom de Tarquin vient de se faire entendre,
Et d'indignes Romains ont parlé de se rendre.

BRUTUS.

Des citoyens romains ont demandé des fers!

VALÉRIUS.

Les perfides m'ont fui par des chemins divers;
On les suit. Je soupçonne et Ménas et Lélie,
Ces partisans des rois et de la tyrannie;
Ces secrets ennemis du bonheur de l'état,
Ardens à désunir le peuple et le sénat.
Messala les protége; et dans ce trouble extrême,
J'oserais soupçonner jusqu'à Messala même,
Sans l'étroite amitié dont l'honore Titus.

BRUTUS.

Observons tous leurs pas; je ne puis rien de plus :
La liberté, la loi dont nous sommes les pères,
Nous défend des rigueurs peut-être nécessaires :
Arrêter un Romain sur de simples soupçons,

C'est agir en tyran, nous qui les punissons.
Allons parler au peuple, enhardir les timides,
Encourager les bons, étonner les perfides.
Que les pères de Rome et de la liberté
Viennent rendre aux Romains leur intrépidité;
Quels cœurs en nous voyant ne reprendront courage?
Dieux! donnez-nous la mort plutôt que l'esclavage;
Que le sénat nous suive.

SCÈNE VIII.

BRUTUS, VALÉRIUS, PROCULUS.

PROCULUS.

Un esclave, Seigneur,
D'un entretien secret implore la faveur.

BRUTUS.

Dans la nuit? à cette heure?

PROCULUS.

Oui, d'un avis fidèle
Il rapporte, dit-il, la pressante nouvelle.

BRUTUS.

Peut-être des Romains le salut en dépend:
Allons, c'est les trahir que tarder un moment.
(*à Proculus.*)
Vous, allez vers mon fils; qu'à cette heure fatale
Il défende surtout la porte Quirinale,
Et que la terre avoue, au bruit de ses exploits,
Que le sort de mon sang est de vaincre les rois.

FIN DU QUATRIÈME ACTE.

ACTE V.

SCÈNE PREMIÈRE.

BRUTUS, les sénateurs, PROCULUS, licteurs, l'esclave VINDEX.

BRUTUS.

Oui, Rome n'était plus; oui, sous la tyrannie
L'auguste liberté tombait anéantie;
Vos tombeaux se rouvraient; c'en était fait : Tarquin
Rentrait dès cette nuit, la vengeance à la main.
C'est cet ambassadeur, c'est lui dont l'artifice
Sous les pas des Romains creusait ce précipice.
Enfin, le croirez-vous? Rome avait des enfans
Qui conspiraient contre elle, et servaient les tyrans;
Messala conduisait leur aveugle furie,
A ce perfide Arons il vendait sa patrie :
Mais le Ciel a veillé sur Rome et sur vos jours;
Cet esclave a d'Arons écouté les discours;
     (*en montrant l'esclave.*)
Il a prévu le crime; et son avis fidèle
A reveillé ma crainte, a ranimé mon zèle.
Messala, par mon ordre arrêté cette nuit,

Devant vous à l'instant allait être conduit ;
J'attendais que du moins l'appareil des supplices
De sa bouche infidèle arrachât ses complices ;
Mes licteurs l'entouraient, quand Messala, soudain
Saisissant un poignard qu'il cachait dans son sein,
Et qu'à vous, sénateurs, il destinait peut-être :
Mes secrets, a-t-il dit, que l'on cherche à connaître,
C'est dans ce cœur sanglant qu'il faut les découvrir ;
Et qui sait conspirer, sait se taire et mourir.
On s'écrie, on s'avance : il se frappe, et le traître
Meurt encore en Romain, quoique indigne de l'être.
Déjà des murs de Rome Arons était parti ;
Assez loin vers le camp nos gardes l'ont suivi ;
On arrête à l'instant Arons avec Tullie.
Bientôt, n'en doutez point, de ce complot impie
Le Ciel va découvrir toutes les profondeurs ;
Publicola partout en cherche les auteurs.
Mais quand nous connaîtrons le nom des parricides,
Prenez garde, Romains ; point de grâce aux perfides ;
Fussent-ils nos amis, nos frères, nos enfans,
Ne voyez que leur crime, et gardez vos sermens.
Rome, la liberté, demandent leur supplice ;
Et qui pardonne au crime en devient le complice.

(*à l'esclave.*)

Et toi, dont la naissance et l'aveugle destin
N'avait fait qu'un esclave, et dut faire un Romain,
Par qui le sénat vit, par qui Rome est sauvée,
Reçois la liberté que tu m'as conservée ;
Et, prenant désormais des sentimens plus grands,

Sois l'égal de mes fils, et l'effroi des tyrans.
Mais qu'est-ce que j'entends ? quelle rumeur soudaine ?
PROCULUS.
Arons est arrêté, Seigneur, et je l'amène.
BRUTUS.
De quel front pourra-t-il...?

SCÈNE II.

BRUTUS, LES SÉNATEURS, ARONS, LICTEURS.

ARONS.
      Jusques à quand, Romains,
Voulez-vous profaner tous les droits des humains ?
D'un peuple révolté conseils vraiment sinistres,
Pensez-vous abaisser les rois dans leurs ministres ?
Vos licteurs insolens viennent de m'arrêter :
Est-ce mon maître ou moi que l'on veut insulter ?
Et chez les nations ce rang inviolable...
BRUTUS.
Plus ton rang est sacré, plus il te rend coupable ;
Cesse ici d'attester des titres superflus.
ARONS.
L'ambassadeur d'un roi !...
BRUTUS.
      Traître, tu ne l'es plus :
Tu n'es qu'un conjuré, paré d'un nom sublime,
Que l'impunité seule enhardissait au crime.
Les vrais ambassadeurs, interprètes des lois,
Sans les déshonorer savent servir leurs rois ;

De la foi des humains discrets dépositaires,
La paix seule est le fruit de leurs saints ministères.
Des souverains du monde ils sont les nœuds sacrés,
Et, partout bienfaisans, sont partout révérés.
A ces traits, si tu peux, ose te reconnaître :
Mais si tu veux au moins rendre compte à ton maître
Des ressorts, des vertus, des lois de cet état,
Comprends l'esprit de Rome, et connais le sénat.
Ce peuple auguste et saint sait respecter encore
Les lois des nations que ta main déshonore :
Plus tu les méconnais, plus nous les protégeons ;
Et le seul châtiment qu'ici nous t'imposons,
C'est de voir expirer les citoyens perfides
Qui liaient avec toi leurs complots parricides.
Tout couvert de leur sang répandu devant toi,
Va d'un crime inutile entretenir ton roi,
Et montre en ta personne aux peuples d'Italie
La sainteté de Rome et ton ignominie.
Qu'on l'emmène, licteurs.

SCÈNE III.

Les sénateurs, BRUTUS, VALÉRIUS, PROCULUS.

BRUTUS.

Eh bien, Valérius,
Ils sont saisis, sans doute, ils sont au moins connus ?
Quel sombre et noir chagrin, couvrant votre visage,
De maux encor plus grands semble être le présage !
Vous frémissez.

####### VALÉRIUS.
Songez que vous êtes Brutus.
####### BRUTUS.
Expliquez-vous....
####### VALÉRIUS.
Je tremble à vous en dire plus.
(*Il lui donne des tablettes.*)
Voyez, Seigneur, lisez; connaissez les coupables.
####### BRUTUS, *prenant les tablettes.*
Me trompez-vous, mes yeux? O jours abominables!
O père infortuné! Tibérinus? mon fils!
Sénateurs, pardonnez.... Le perfide est-il pris?
####### VALÉRIUS.
Avec deux conjurés il s'est osé défendre;
Ils ont choisi la mort plutôt que de se rendre;
Percé de coups, Seigneur, il est tombé près d'eux :
Mais il reste à vous dire un malheur plus affreux,
Pour vous, pour Rome entière et pour moi plus sensible.
####### BRUTUS.
Qu'entends-je!
####### VALÉRIUS.
Reprenez cette liste terrible
Que chez Messala même a saisi Proculus.
Lisez donc....
####### BRUTUS.
Je frémis, je tremble. Ciel! Titus!
(*Il se laisse tomber entre les bras de Proculus.*)
####### VALÉRIUS.
Assez près de ces lieux je l'ai trouvé sans armes,

Errant, désespéré, plein d'horreurs et d'alarmes.
Peut-être il détestait cet horrible attentat.

BRUTUS.

Allez, pères conscrits, retournez au sénat;
Il ne m'appartient plus d'oser y prendre place :
Allez, exterminez ma criminelle race;
Punissez-en le père, et jusque dans mon flanc
Recherchez sans pitié la source de leur sang.
Je ne vous suivrai point, de peur que ma présence
Ne suspendît de Rome ou fléchît la vengeance.

SCÈNE IV.

BRUTUS, seul.

Grands dieux! à vos décrets tous mes vœux sont soumis!
Dieux vengeurs de nos lois, vengeurs de mon pays,
C'est vous qui par mes mains fondiez sur la justice
De notre liberté l'éternel édifice :
Voulez-vous renverser ses sacrés fondemens?
Et contre votre ouvrage armez-vous mes enfans?
Ah! que Tibérinus, en sa lâche furie,
Ait servi nos tyrans, ait trahi sa patrie,
Le coup en est affreux, le traître était mon fils!
Mais Titus! un héros! l'amour de son pays!
Qui, dans ce même jour, heureux et plein de gloire,
A vu par un triomphe honorer sa victoire!
Titus, qu'au Capitole ont couronné mes mains!
L'espoir de ma vieillesse et celui des Romains!
Titus! dieux!

SCÈNE V.

BRUTUS, VALÉRIUS, SUITE, LICTEURS.

VALÉRIUS.

Du sénat la volonté suprême
Est que sur votre fils vous prononciez vous-même.

BRUTUS.

Moi?

VALÉRIUS.

Vous seul.

BRUTUS.

Et du reste en a-t-il ordonné?

VALÉRIUS.

Des conjurés, Seigneur, le reste est condamné;
Au moment où je parle ils ont vécu peut-être.

BRUTUS.

Et du sort de mon fils le sénat me rend maître?

VALÉRIUS.

Il croit à vos vertus devoir ce rare honneur.

BRUTUS.

O patrie!

VALÉRIUS.

Au sénat que dirai-je, Seigneur?

BRUTUS.

Que Brutus voit le prix de cette grâce insigne;
Qu'il ne la cherchait pas... mais qu'il s'en rendra digne...
Mais mon fils s'est rendu sans daigner résister;
Il pourrait.... Pardonnez si je cherche à douter;

BRUTUS.

C'était l'appui de Rome, et je sens que je l'aime.

VALÉRIUS.

Seigneur, Tullie....

BRUTUS.

Eh bien....

VALÉRIUS.

Tullie au moment même
N'a que trop confirmé ces soupçons odieux.

BRUTUS.

Comment, Seigneur?

VALÉRIUS.

A peine elle a revu ces lieux,
A peine elle aperçoit l'appareil des supplices,
Que, sa main consommant ces tristes sacrifices,
Elle tombe, elle expire, elle immole à nos lois
Ce reste infortuné de nos indignes rois.
Si l'on nous trahissait, Seigneur, c'était pour elle.
Je respecte en Brutus la douleur paternelle;
Mais, tournant vers ces lieux ses yeux appesantis,
Tullie en expirant a nommé votre fils.

BRUTUS.

Justes dieux!

VALÉRIUS.

C'est à vous à juger de son crime.
Condamnez, épargnez, ou frappez la victime;
Rome doit approuver ce qu'aura fait Brutus.

BRUTUS.

Licteurs, que devant moi l'on amène Titus.

VALÉRIUS.

Plein de votre vertu, Seigneur, je me retire :

Mon esprit étonné vous plaint et vous admire;
Et je vais au sénat apprendre avec terrreur
La grandeur de votre âme et de votre douleur.

SCÈNE VI.

BRUTUS, PROCULUS.

BRUTUS.

Non, plus j'y pense encore, et moins je m'imagine
Que mon fils des Romains ait tramé la ruine :
Pour son père et pour Rome il avait trop d'amour ;
On ne peut à ce point s'oublier en un jour.
Je ne le puis penser, mon fils n'est pas coupable.

PROCULUS.

Messala, qui forma ce complot détestable,
Sous ce grand nom peut-être a voulu se couvrir;
Peut-être on hait sa gloire, on cherche à la flétrir.

BRUTUS.

Plût au Ciel!

PROCULUS.

De vos fils c'est le seul qui vous reste.
Qu'il soit coupable ou non de ce complot funeste,
Le sénat indulgent vous remet ses destins :
Ses jours sont assurés puisqu'ils sont dans vos mains;
Vous saurez à l'état conserver ce grand homme,
Vous êtes père enfin.

BRUTUS.

Je suis consul de Rome.

SCÈNE VII.

BRUTUS, PROCULUS, TITUS, *dans le fond du théâtre, avec des licteurs.*

PROCULUS.

Le voici.

TITUS.

C'est Brutus! O douloureux momens!
O terre, ent'rouvre-toi sous mes pas chancelans!
Seigneur, souffrez qu'un fils....

BRUTUS.

Arrête, téméraire.
De deux fils que j'aimai les dieux m'avaient fait père;
J'ai perdu l'un; que dis-je? ah, malheureux Titus!
Parle; ai-je encore un fils?

TITUS.

Non, vous n'en avez plus.

BRUTUS.

Réponds donc à ton juge, opprobre de ma vie.
(*Il s'assied.*)
Avais-tu résolu d'opprimer ta patrie?
D'abandonner ton père au pouvoir absolu?
De trahir tes sermens?

TITUS.

Je n'ai rien résolu.
Plein d'un mortel poison dont l'horreur me dévore,
Je m'ignorais moi-même, et je me cherche encore;
Mon cœur, encor surpris de son égarement,
Emporté loin de soi, fut coupable un moment:

Ce moment m'a couvert d'une honte éternelle ;
A mon pays que j'aime il m'a fait infidèle :
Mais, ce moment passé, mes remords infinis
Ont égalé mon crime et vengé mon pays.
Prononcez mon arrêt. Rome, qui vous contemple,
A besoin de ma perte, et veut un grand exemple ;
Par mon juste supplice il faut épouvanter
Les Romains, s'il en est qui puissent m'imiter.
Ma mort servira Rome autant qu'eût fait ma vie :
Et ce sang, en tout temps utile à sa patrie,
Dont je n'ai qu'aujourd'hui souillé la pureté,
N'aura coulé jamais que pour la liberté.

BRUTUS.

Quoi ! tant de perfidie avec tant de courage ?
De crimes, de vertus, quel horrible assemblage !
Quoi ! sous ces lauriers même, et parmi ces drapeaux,
Que ton sang à mes yeux rendait encor plus beaux !
Quel démon t'inspira cette horrible inconstance ?

TITUS.

Toutes les passions, la soif de la vengeance,
L'ambition, la haine, un instant de fureur....

BRUTUS.

Achève, malheureux.

TITUS.

Une plus grande erreur,
Un feu, qui de mes sens est même encor le maître,
Qui fit tout mon forfait, qui l'augmente peut-être,
C'est trop vous offenser par cet aveu honteux,
Inutile pour Rome, indigne de nous deux.

Mon malheur est au comble ainsi que ma furie :
Terminez mes forfaits, mon désespoir, ma vie,
Votre opprobre et le mien. Mais si dans les combats
J'avais suivi la trace où m'ont conduit vos pas,
Si je vous imitai, si j'aimai ma patrie,
D'un remords assez grand si ma faute est suivie,
(*Il se jette à genoux*)
A cet infortuné daignez ouvrir les bras;
Dites du moins : Mon fils, Brutus ne te hait pas.
Ce mot seul, me rendant mes vertus et ma gloire,
De la honte où je suis défendra ma mémoire :
On dira que Titus, descendant chez les morts,
Eut un regard de vous pour prix de ses remords,
Que vous l'aimiez encore, et que, malgré son crime,
Votre fils dans la tombe emporta votre estime.

BRUTUS.

Son remords me l'arrache. O Rome! ô mon pays!
Proculus...à la mort que l'on mène mon fils.
Lève-toi, triste objet d'horreur et de tendresse;
Lève-toi, cher appui qu'espérait ma vieillesse;
Viens embrasser ton père; il t'a dû condamner :
Mais, s'il n'était Brutus, il t'allait pardonner.
Mes pleurs, en te parlant, inondent ton visage :
Va, porte à ton supplice un plus noble courage;
Va, ne t'attendris point, sois plus Romain que moi,
Et que Rome t'admire en se vengeant de toi.

TITUS.

Adieu : je vais périr digne encor de mon père.
(*On l'emmène.*)

SCÈNE VIII.

BRUTUS, PROCULUS.

PROCULUS.
Seigneur, tout le sénat, dans sa douleur sincère,
En frémissant du coup qui doit vous accabler....
BRUTUS.
Vous connaissez Brutus, et l'osez consoler !
Songez qu'on nous prépare une attaque nouvelle :
Rome seule a mes soins : mon cœur ne connaît qu'elle.
Allons ; que les Romains, dans ces momens affreux,
Me tiennent lieu du fils que j'ai perdu pour eux ;
Que je finisse au moins ma déplorable vie
Comme il eût dû mourir, en vengeant la patrie.

SCÈNE IX.

BRUTUS, PROCULUS, UN SÉNATEUR.

LE SÉNATEUR.
Seigneur....
BRUTUS.
Mon fils n'est plus ?
LE SÉNATEUR.
C'en est fait... et mes yeux..
BRUTUS.
Rome est libre : il suffit... Rendons grâces aux dieux.

FIN DE BRUTUS.